NIEMALS

2. Auflage
© Conbook Medien GmbH, Meerbusch, 2016, 2018
Alle Rechte vorbehalten.

www.conbook-verlag.de

Einbandgestaltung und Satz: David Janik unter Verwendung von Bildern © istockphoto.com/Alan Tobey und istockphoto.com/Bartosz Hadyniak
Druck und Bindung: CPI books GmbH, Leck

Printed in Germany

ISBN 978-3-95889-136-4

Die in diesem Buch dargestellten Zusammenhänge, Erlebnisse und Thesen entstammen den Erfahrungen und/oder der Fantasie der Autorin und/oder geben ihre Sicht der Ereignisse wieder. Etwaige Ähnlichkeiten mit lebenden Personen, Unternehmen oder Institutionen sowie deren Handlungen und Ansichten sind rein zufällig. Die genannten Fakten wurden mit größtmöglicher Sorgfalt recherchiert, eine Garantie für Richtigkeit und Vollständigkeit können aber weder der Verlag noch die Autorin übernehmen. Lesermeinungen gerne an feedback@conbook.de.

Andrea Glaubacker

Was Sie dachten,
NIEMALS
über INDIEN
wissen zu wollen!

Indien – Himmel oder Hölle? Oder beides zugleich? Kaum glaubt man, Indien zu erfassen, zeigt sich an der nächsten Ecke bereits der Widerspruch. So vielschichtig präsentiert sich das Land seinen Besuchern, dass es sich der Einordnung entwindet wie ein glitschiger Aal.

Nähern Sie sich diesem erstaunlichen Subkontinent an und erleben Sie so manche Überraschung. Oder wissen Sie bereits, dass Indien der Weltmeister im Aufstellen von Weltrekorden ist? Warum Inder Sie häufig in die falsche Richtung schicken? Oder wofür Maschendrahtzaun in Indien eingesetzt wird?

In 55 erhellenden und erheiternden Kapiteln klärt Andrea Glaubacker darüber auf, was dem Besucher oft rätselhaft und unergründlich bleibt. Ein humorvolles Porträt und manchmal ein ernster Blick auf das schillernde Land.

ANDREA GLAUBACKER

Als Andrea Glaubacker das erste Mal Mitte der 90er-Jahre den indischen Subkontinent betrat, war es um sie geschehen. Zu bunt, zu schillernd, zu vielseitig empfand sie dieses Land, um es nur einmal zu bereisen. So führte sie ihre Reise- und Abenteuerlust immer wieder nach Indien. Sie schrieb, fotografierte und filmte, reiste von den eisigen Höhen des Himalayas bis an die tropische Südküste, von West nach Ost und Ost nach West, in Bus, Bahn und Rikschas, auf Kamelen und Lkw-Ladeflächen. Die Kulturwissenschaftlerin lebt und arbeitet in Berlin, wenn es sie nicht gerade wieder hinaustreibt in die weite Welt.

INHALT

INHALT

Inhalt

INHALT

1

INDISCHE GÖTTER TRINKEN MILCH UND DER GLAUBE TRÄGT EIN FETTES ABER VOR SICH HER

Jede Indienreise verändert mich. Das Land berührt mich auch deshalb tief, weil ich offener für Dinge bin, für die es keine eindeutige Erklärung gibt. Überwiegt in der westlichen Welt der Rationalismus, so liegt in Indien theoretisch alles im Bereich des Möglichen. Nicht umsonst heißt der indische Leitspruch »*Everything is possible in India*«. Das kann neue Erfahrungen ermöglichen und gedanklich freier machen. Aber wo ist die Grenze zwischen Glaube und Aberglaube? Persönliche Abgrenzung ist dann einfach, wenn Willkür, Menschenverachtung und Unterdrückung die Oberhand gewinnen. Das ist leider in Indien immer noch Praxis.

Das Land gibt sich gerne als moderner und technologischer Staat, doch die Wirklichkeit ist weit komplexer. Zeitungen berichten über Verbrechen, bei denen Mädchen ermordet und ihre Innereien als Opfergaben für gute Ernten dargebracht werden. Oder von Hexenverfolgungen, bei denen Frauen aus den Häusern gezerrt, misshandelt, tagelang gefoltert und dann als Hexe erschlagen oder verbrannt werden. Zwischen den Jahren 2000 und 2012 wurden 2.100 Menschen, meist Frauen, der Hexerei bezichtigt, gefoltert und umgebracht. Zumindest offiziell, die Dunkelziffer dürfte leider weitaus höher liegen. Alleine im Bundesstaat Jharkhand wird die Zahl der ermordeten »Hexen« in den letzten zehn Jahren auf 1.000 geschätzt.

Gegen solche Grausamkeiten geht die Indian Rationalist Association vor, eine Vereinigung zur Bekämpfung von Aberglauben und für die Verbreitung eines wissenschaftlichen Skeptizismus. Der Präsident der Skeptikervereinigung ist Sanal Edamaruku, der sich seinen Vorsitz redlich verdient hat und teuer (mit Flucht ins skandinavische Exil) bezahlen musste. Seine aufsehenerregendste Tat war die Entlarvung des Wunders des tropfenden Jesus von Mumbai als leckes Toilettenrohr. Pilger- und Geldströme blieben aus, die örtliche katholische Kirche rächte sich mit Anzeigen gegen Edamaruku wegen »Verletzung religiöser Gefühle« und Blasphemie.

Ein schlimmeres Ende ereilte 2013 seinen Geistesbruder Narendra Dabholkar, den Vizepräsidenten der Föderation indischer Rationalisten. Er wurde von Hindufundamentalisten auf offener Straße erschossen, weil er sich für das *Black Magic Bill* einsetzte, ein Gesetz, das Menschen- und Tieropfer, ritualisierte sexuelle Ausbeutung und Hexenverfolgung unter Strafe stellen sollte. Einen Tag nach dem Mord wurde es per Notdekret erlassen.

Geändert hat dies allerdings wenig. Noch immer machen Zeitungsnotizen über Ritualmorde die Runde. Noch immer saust im Kali-Tempel in Kalkutta täglich ein Beil auf eine Ziege nieder. Noch immer verschwinden Kinder und verbrennen Frauen.

Es ist heikel, in einem von Religiosität bestimmten Land eine Grenze zwischen Glaube und Aberglaube zu ziehen, denn viele Praktiken und Rituale, denen sich leicht der Stempel »Aberglaube« aufdrücken ließe, gehören in Indien zum Alltag und schaden niemandem. So wird zum Beispiel jede Hinduhochzeit unter Berücksichtigung der Sternenkonstellation geschlossen. Geldspenden, um die Götter für ein besseres Leben oder männlichen Nachwuchs zu »bestechen«, sind Normalität. Auf den Straßen sitzen Handleser und Wahrsager, und viele Inder huldigen unzähligen Göttern mit Gebeten und Opfergaben.

Indien eilte lange Zeit der Ruf voraus, ein Land zu sein, in dem magere Fakire auf Seilen in die Luft klettern und im Himalaya levitieren. Diese Sehnsucht nach dem Unerklärlichen, nach einer Welt voll Wunder und Magie, zieht viele Menschen in das Land. Eine jeder Illusion beraubte Welt, die nur den Gesetzen der Wissenschaft folgt, ist nüchtern und kühl. Beweist die Wissenschaft dann, was Rationalisten lange verlacht haben und andere Kulturen seit Jahrtausenden praktizieren, dann besteht plötzlich die Bereitschaft, Erkenntnisse anzunehmen.

So z. B. bei der Meditation, die lange Zeit als Spinnerei für Eso-Freaks verlacht wurde. Als die Hirnforschung dann Beweise für die Zunahme der Hirnplastizität bei regelmäßiger Meditation lieferte, meditierten plötzlich ganze Management-Abteilungen und unzählige Führungskräfte – allerdings, eingebettet in unsere Kultur, eben nur der Selbstoptimierung wegen.

Davon mal ganz abgesehen: Das Leben in Indien ist für viele nicht einfach – und so braucht das oft harte Schicksal vieler Inder als Ausgleich eine Trost spendende Welt, bunt gefüllt mit Göttern, Ritualen und Mythen, wie Ganesh die Milch.

Harte Fakten (oder auch nicht)

Wir schreiben das Jahr 2008. Als ein Priester im täglichen Morgenritual dem rüsseligen Gott Ganesh spielerisch einen Löffel Milch hinhält und dieser Löffel sich lehrt, löst er damit einen Riesenwirbel aus. Als das Phänomen die Runde macht, trinkt Ganesh plötzlich im ganzen Land. Telefondrähte laufen heiß, die Börse bricht ein, der Verkehr in Delhi zusammen. Alleine dort machen sich sechs Millionen Menschen mit Milch bewaffnet auf den Weg, um dabei zu sein, wenn der Gott Milch trinkt. In ganz Indien sind schätzungsweise 50 Millionen Menschen unterwegs, die alle gesehen haben wollen, wie Ganesh, aber auch Shiva, Parvati und Lakshmi, Milch trinken. Ob in Großbritannien, Hongkong oder Kanada – auf der ganzen Welt stehen euphorische Hindus vor den Tempeln Schlange. Endlich kommt Ganesh auf die Erde, um die Probleme zu lösen, sagen sie, und dass heute ein Erlöser mit Elefantenkopf im Punjab geboren worden ist.

Sunil Edamaruku von der Indian Rationalist Association vermutet eine gezielt gesteuerte Massenhysterie, um vom Prozess gegen den halbseidenen Heiligen Chandraswami abzulenken, dem einflussreichen Ex-Guru des Sultans von Brunai und Liz Taylor. Andere sehen darin eine gesteuerte Aktion einer radikalen Hinduorganisation, um ihren Einfluss zu stärken.

Ein Jahr nach dem Wunder kommt vom indischen Institut für Wissenschaft, Technologie und Entwicklung endlich eine Erklärung. Durch eine Kombination aus Oberflächenspannung und Siphonwirkung sei die Milch aufgesaugt und am Körper der Statue herabgeleitet worden.

Kann es sein, dass Millionen Inder von einem physikalischen Phänomen in die Irre geleitet wurden und die herabfließende Milch einfach übersehen haben? Lassen Sie mich die Karten befragen ...

2

In Indien ist man mit dem Wunsch, alleine zu sein, ziemlich alleine

»Hello, hello, hello.« Pause. *»Hello, hello.«*

Entnervt drehe ich um. Ich will in diesem Land nur einmal meine Ruhe haben. Hier oben auf der Bergspitze dachte ich, sie gefunden zu haben.

Aber so einfach ist das in Indien nicht. Selbst wenn Sie sich in Einsamkeit wähnen, irgendwo hinter dem nächsten Stein wird plötzlich ein Inder hervorspringen und loslegen: *»Hello.«*

Ihnen wird nichts anderes übrigbleiben: *»Hello.«*

Inder: *»What is your country?«*

Sie: *»Germany.«*

Er: *»What is your name?«*

Sie: *»Harald.«* (oder so)

Inder: *»What is your örk?«*

Sie: *»What? Ah ... work. Engineer.«* (oder so)

Inder: *»Where is your wife?«*

Sie: *»I am not married.«*

Er (betreten): *»Alone? Oh. Thank you, good bye, my friend.«*

Hinter dem nächsten Busch wird ein weiterer Inder hervorspringen.

Inder: »*Hello.*«

Sie werden ihn ignorieren, aber seine Blicke im Rücken spüren.

»*Hello. Hello. HELLO.*«

Sie (entnervt, aber gefasst): »*Hello.*«

Inder: »*What is your name?*«

Nicht nur Wiedergeburten, auch Gespräche dieser Art wiederholen sich endlos oft. Häufig gehen sie nicht über das oben beschriebene Maß hinaus, ihnen ist aber eines gemein: Man meint es gut mit Ihnen. Touristen werden gemocht. Man möchte sein Englisch unter Beweis stellen, ist einfach neugierig oder will Mitgefühl zeigen, weil Sie alleine unterwegs sind (für Inder unvorstellbar).

Der Inder hat wenig Scheu dem Fremden gegenüber. Hier ein gemeinsames Foto, dort Hände schutteln, Babys halten und immer wieder die gleichen Fragen beantworten. Manche Touristen tragen ein T-Shirt, mit dem sie hoffen, die Verkaufsgespräche zu reduzieren:

Natürlich geht die Rechnung nicht auf.

Praxistipp

Take it easy. Einen anderen Tipp kann Ihnen keiner geben. Sicherlich mag diese Art der Kontaktaufnahme befremdlich wirken, aber andererseits kommen wir auch aus einer eher distanzierten Kultur. Stellen Sie sich vor, Sie gehen auf die Straße, erblicken einen spanischen Touristen, stürmen auf ihn zu und fragen ihn mit Ihrem Urlaubsspanisch danach aus, wie er heißt und ob er verheiratet ist. Dann machen Sie ein Foto mit ihm – und weil sie sich schon mal so nett unterhalten, könnte er doch eigentlich auch gleich ins Restaurant Ihres Cousins zweiten Grades gehen. Oder Ihnen sein T-Shirt schenken.

Der Tourist mag dann etwas unwillig reagieren. In diesem Gedankenspiel ignorieren Sie das aber einfach und fragen so lange weiter, bis Ihnen die Fragen ausgehen.

Keine Frage, so würde sich bei uns vermutlich niemand verhalten und daher ist es auch nicht verwunderlich, dass einen indische Zwischenmenschlichkeit hin und wieder stresst. Aber erinnern Sie sich in solchen Momenten immer daran, dass es nett und freundlich gemeint ist, und reagieren Sie gelassen.

Alleine zu sein, diesen Wunsch kann in Indien keiner nachvollziehen. Vermutlich, weil ohnehin der Raum dafür fehlt, vor allem in den urbanen Zentren. Enge und übervolle Städte, von denen es allein 34 mit mehr als einer Million Einwohner gibt, stehen fast vor dem Kollaps. Die höchste Bevölkerungsdichte hat Delhi mit 37.346 Menschen pro Quadratkilometer. (In München, Deutschlands dichtest besiedelter Großstadt, sind es gerade mal 4.282 Bewohner.) Die Überbevölkerung ist in Indien plastisch erfahrbar. Raum ist Luxusgut. Oft bewohnen Großfamilien eine kleine Hütte oder ein einzelnes Zimmer. Rückzugsmöglichkeiten und Intimsphäre gibt es unter diesen Bedingungen nicht. Von den 1,3 Milliarden Indern haben die allerwenigsten ein eigenes Zimmer für sich. Im Slum teilen sich im Schnitt sieben Erwachsene und Kinder knapp zehn Quadratmeter. Die Männer schlafen auf Podesten, die Frauen darunter.

Übrigens

Auch auf Indiens Straßen ist schwer was los. Und hier zeigt sich: Kommunikation geht auch nonverbal. Der Straßenverkehr »funktioniert« weniger durch feste Regeln als durch Hupen. Eine Kakophonie von Huptönen aller Art ist in den Städten zu hören. Für den indischen Markt bauen deutsche Autohersteller extra laute Hupen ein, Schwerhörige haben es dort also richtig gut. Schreckhafte und Geräuschempfindliche erleben hingegen die persönliche Soundkulisse des Grauens.

3

In Indien bleibt ein Gott niemals allein

Was machen Sie eigentlich direkt nach dem Aufstehen an einem typischen Morgen? Sitzen Sie erst einmal bei einer Tasse Kaffee müde am Tisch und lesen die Tageszeitung? Oder hetzen Sie durch die Wohnung, weil Sie nicht aus dem Bett gekommen sind, und holen sich einen Kaffee *to go*?

In Indien sieht das Spiel ganz anders aus: Hindus zieht es in der Früh zunächst zu ihren Göttern. Wer ein Haus hat, besitzt auch einen Hausaltar. Um die Götter zu erfreuen, verziert man diesen heimischen Altar als Erstes am Morgen mit frischen Blumen, zündet duftende Räucherstäbchen an und betet zu einem oder mehreren Göttern. Auf dem Arbeitsweg wird gerne noch ein Stopp im Tempel eingelegt, um sich priesterlichen Segen abzuholen. Am Ende der Gebete hält der Priester eine brennende Öllampe in die Menge. Ausgestreckte Hände nehmen zunächst symbolisch das Licht auf und streifen es als Segenszeichen über das Gesicht. Opfergaben liegen auf großen grünen Blättern bereit. Kokosnüsse, Blumen, glimmende Räucherstäbchen und natürlich Geld, das die Priester in ihren weißen Hüfttüchern besonders eifrig entgegennehmen.

Jede Stadt hat zahlreiche große und kleine Tempel und Kultstätten, die teilweise nur aus einem orangenen Stein (Symbol für den Affengott Hanuman) oder Schlangen auf Stein gemalt (das Symbol für das göttliche Prinzip Shiva und die Schöpferkraft Shakti) an einen Baum gelehnt bestehen. Hier zeigt sich der Hinduismus basisdemokratisch, denn jeder kann eine Verehrungsstätte anlegen. Einer beginnt und errichtet einen kleinen Schrein, andere legen Bilder oder Räucherstäbchen dazu – und fertig ist ein kleiner Tempel. An keinen Gott zu glauben, ist für fast alle Inder undenkbar. Für sie ist Gottes Ausdruck überall, in jedem Stein, jeder Pflanze und jedem Tier. Im Hinduismus, dem 80 Prozent der Inder angehören, gibt es allerdings nicht nur einen Gott. Es sind vielmehr zwischen 3.000 und 330 Millionen Götter! Wie viele es genau sind, weiß niemand.

Seinen Lieblingsgott kann sich allerdings jeder selbst aussuchen. Einige verehren Hanuman, den starken Affengott, andere den freundlichen Rama, den glücksbringenden elefantenköpfigen Ganesh oder den blauhäutigen Krishna. Auch beliebt sind die schlaue Saraswati, die liebreizende Lakshmi oder die Urmutter Durga. Eine Vielzahl an Sekten und Strömungen machen den Hinduismus unüberschaubar, der streng genommen keine Religion ist, sondern aus philosophischen Strömungen besteht.

Shivaiten etwa verehren den Gott Shiva in Form eines Lingams, eines stark vereinfachten Penis, der steil Richtung Himmel zeigt. Mir kam zu Ohren, dass es Shivaiten gibt, die Atomkraftwerke verehren, weil sie (entfernt) formähnlich sind und Energie produzieren. Diese Lingams (nicht die Atomkraftwerke, was aber in Indien auch nicht weiter verwunderlich wäre) werden mit Milch oder Wasser übergossen und reich mit Blumen geschmückt. Man sieht sie als Verkörperung Shivas – und nicht etwa als ein Abbild seines erigierten Geschlechtsteils. Den viktorianischen Kolonialdamen dürfte beim Anblick der Penisse, die das Land überzogen (und immer noch überziehen), das Blut in den Adern gefroren sein. Übrigens nicht nur beim Anblick der steinernen, sondern auch der echten Lingams, denn ein Teil der Anhänger trägt nichts außer Asche auf dem nackten Leib und einen furchteinflößenden Dreizack, um die Gefolgschaft zum asketischen Gott Shiva zu bezeugen. Die Asche auf dem Körper symbolisiert für sie wahren Reichtum, nämlich den spirituellen Wert. Außerdem erinnert sie an die Vergänglichkeit und die Unbeständigkeit aller Dinge.

Shiva-Lingams gibt es in unterschiedlichen Versionen und Materialien: von bis zu zwölf Meter hohen Lingams aus Eis im Himalaya bis zu kleineren, teils unscheinbaren Steinformen auf Wiesen, in Höhlen oder auch in Tempeln, die um die naturgeformten Steinlingams herum gebaut wurden. Wie unterschiedlich Form und Material auch sein mögen – sie sind immer Gegenstand kultischer Verehrung. Der handgefertigte Lingam steht häufig in einer Yoni, einer meist aus Stein gefertigten Platte, die der Vagina nachempfunden ist. Shiva und Shakti. Das männliche und das weibliche Prinzip, aus dem alles entsteht.

In einer Kultur, die Elefanten- und Affengötter verehrt, sind Feste und Riten folgerichtig bunt, laut und archaisch. Oft ein Anlass, die eigene Misere zu vergessen und ausgelassen zu feiern. Feste gibt es alle naselang, und je nach Region oder Grund wird ganz unterschiedlich gefeiert. Manche Feste ziehen sich über Tage hin, andere sind kurz und knackig. Fast immer jedoch untermalt von schriller Musik durch scheppernde Lautsprecher, Geknalle (indisches toppt polnisches Böllerformat ohne Probleme) und Feuerwerk. Männer tanzen sich zu wilden Trommelwirbeln in Trance, während 15 Meter hohe, mit Blumen geschmückte und bedrohlich wankende Gefährte über die Äcker geschoben werden. Bei Shivaratri bedröhnen sich Mann und Maus mit Bhanglassi (Marihuana Lassi) als Ausdruck der Verehrung Shivas. Wieder ganz anders geht es bei Thaipusam zu. Männer lassen sich Stahlhaken in Brust und Rücken treiben, um mit Blumen, Pfauenfedern und Götterbildern geschmückte Metallgestelle kilometerweit durch die Hitze zu tragen. Manche ziehen rollende Altäre hinter sich her oder Götterstatuen auf Rädern. Als sei das noch nicht Schmerz genug, gibt es für die ganz Harten Nagelsandalen und Spieße durch Zunge und Wangen.

Auch wenn es nur einige Beispiele aus der bunten Welt indischer Feste sind – wie unvergleichlich öde scheint dagegen unser fröhlichstes Fest, der Karneval, mit Menschen, die sich als Bienen, Frösche oder halbseidene Damen verkleiden.

Aber die Inder feiern ihre Gottheiten nicht nur bunt und skurril – sie verbindet gar eine heiße Liebe. Götter auf Aufklebern und Streichholzschachteln, als Bemalungen auf Lkw, Rikschas und Häuserwänden; die Zuneigung zu den Göttern drückt sich sehr bildhaft aus und ist überall präsent. So auch immer gerne beim Nachwuchs: Unzählige kleine und große Rams, Durgas und Sitas sind im Land unterwegs, denn Götternamen sind nie out.

Auch indische Unternehmer sind in der Namensgebung oft götteraffin und neigen dabei zu maßloser Übertreibung. Das Hotel Shiva Palace hat mit einem Palast so viel zu tun wie Delhi mit Ruhpolding. Im Restaurant Rama sucht die Besucher nicht die Göttlichkeit, sondern eher »Montezumas Rache« heim. Und was die feine Göttin Lakshmi in der staubigen Zementfabrik Lakshmi Cement Ltd. zu suchen hat, erschließt sich auch nicht direkt. Der Kenner wittert allerdings eine Spur, denn Lakshmi wird durchaus häufig als Namensgeberin bemüht. Sie ist die Glücksgöttin, die für einen fetten Reibach sorgen soll, gleich den Darstellungen, in denen ihr ein endloser Geldregen aus der Hand fließt.

Manchmal gibt es sogar direkte Analogien. Weil Hanuman, der Affengott, für seine Stärke bekannt ist, heißt die Hydraulikpressenfirma folgerichtig Hanuman Machine Corporation.

Praxistipp

Sie sind Hindu, wohnen aber weit weg von den Tempeln Ihrer Lieblingsgottheit und den ihr bevorzugten Opfergaben? Wie gut, dass Ihnen www.onlineprasad.com helfen kann. Hier können Sie Opfergaben für alle möglichen Götter bestellen und dann an Ihrem Hausaltar in Dubai oder Westerland den Göttern darbringen.

Hängt der Haussegen schief, ist der Geldbeutel leer oder warten Sie schon lange auf eine Beförderung? Dann buchen Sie am besten gleich eine Puja mit, die laut Website in einem indischen Tempel von einem Priester durchgeführt wird. Dieses Verehrungsritual kostet bis zu 100 Euro. Als Beweis erhalten Sie einen vom Priester unterzeichneten Bericht, der ihnen die Durchführung der Zeremonie garantieren soll. Danach müssen Sie nur noch abwarten, bis die Puja wirkt.

Wie wäre es z. B. mit der Gaurishankar Puja? Die Top-3-Leistungen:

1. Räumt Heirat verzögernde Hindernisse aus dem Weg
2. Garantiert Geschäftserfolg
3. Bringt Harmonie in Beziehungen

oder mit der Hanuman Puja? Die Top-4-Leistungen:

1. Lässt Ängste und Sorgen verschwinden
2. Garantiert Wohlstand für zukünftige Generationen
3. Bringt beste Gesundheit
4. Schützt vor zukünftigem Ärger

Sollte es nicht fruchten, der Geldbeutel leer und die Beförderung oder der Ehemann ausbleiben, dann ist vielleicht eine Alternative, Mitglied bei der Föderation indischer Rationalisten (FIRA) zu werden, einer Organisation zur Förderung des Skeptizismus ...

Übrigens

Im indischen Götterhimmel herrscht Göttergewimmel. Unübersichtlich wurde es dort, weil sich die Götter inkarnieren und dann neue Namen tragen. Shiva etwa hat 108 Namen und Erscheinungsformen wie Nilakantha, Nataraja, Mahadeva oder Pashupati. Als Nataraja führt Shiva einen kosmischen Tanz auf und steht für den ewigen Prozess von Schöpfung, Zerstörung und Wiedererschaffung. Als Nilakantha hat er eine blaue Kehle, weil er das Gift des Urmeeres, alle Sünden und Leiden getrunken und so die

Welt gerettet hat. Als Pashupati trägt er ein Tigerfell und ist der Beschützer der Tiere. Und obwohl er mit seiner Gemahlin Parvati und seinem Sohn Ganesh als Sinnbild für die heilige Familie steht, ist er gleichzeitig der Asket, der in tiefer Meditation auf dem Berg Kailash sitzt. Viele Sadhus, indische Mönche, sind Anhänger des Shiva. Ihre langen, in Dreadlocks getragenen Haare sehen sie als Referenz zu Shiva genauso wie das Rauchen von Ganja (Marihuana).

Die Ikonographie stellt den hohen Gott meist mit weißer oder grauer Haut dar. In den Händen hält er einen Dreizack und eine Trommel. Um seinen Hals schlingt sich eine Schlange, aus dem langen schwarzen Haar ragt eine Mondsichel. Manchmal fließt Wasser aus seinem Haar, ein Symbol für die Göttin Ganga, deren Verkörperung auf Erden der Ganges ist. Auf seine Stirn sind drei waagerechte Aschestreifen gemalt, wie man sie auch oft bei seinen Anhängern sieht. Sie können Unterschiedliches symbolisieren, wie etwa die drei Elemente des OM (AUM) oder den ewigen Kreislauf von Schöpfung, Erhaltung und Zerstörung.

Nochmal übrigens

Der rote Stirnpunkt, Bindi, wird traditionell von verheirateten Hindufrauen getragen. Das Wort Bindi stammt vom dem Sanskritwort »Bindu« ab und heißt »Tropfen«. Dieser soll Glück bringen und das Ehepaar schützen.

Heutzutage tragen auch unverheiratete Frauen und muslimische Inderinnen Bindis als Modeaccessoire. Ob aufgemalt oder als ornamentaler Sticker, mit Glitzersteinchen oder schlicht, entscheidend ist, dass er an der Stelle des Dritten Auges angebracht wird. Dieser Punkt gilt als Ajna Chakra, dem Sitz von Intuition und Weisheit. In Nordindien reiben sich Ehefrauen alternativ zinnoberrotes Pulver in den Scheitel über dem Haaransatz.

Haben Männer und Kinder einen Punkt oder ein Mal auf der Stirn, zeugt es vom Tempelbesuch, bei dem ein Priester es ihnen aus einer Kurkumamischung oder aus Sandelholzpaste auf die Stirn gemalt hat.

4

Inder mögen Schmalz lieber aufs Auge als aufs Brot

Radhas Stirn ist in tiefe Falten gelegt. Dicke Tränen kullern ihr über die Wangen, als sie verzweifelt zu Ganesh betet. Wo ist nur Sudhir? Hat Karim, dessen Liebe sie verschmähte, ihm etwas angetan? Laut schluchzend schnieft sie ins weiße Stofftaschentuch, das Sudhir ihr gab, um sich den Regen von der Haut zu tupfen. Wie im Märchen war es doch mit ihnen gewesen, als sie sich im strömenden Regen an der Bushaltestelle trafen und, plötzlich in die Alpen katapultiert, über Schweizer Almen tollten und sich im Engtanz wiederfanden. Und wo nur ist Sudhir jetzt?

Da klopft es sacht am Fenster – es ist Sudhir, der sogleich ein romantisches Lied anstimmt. Radha läuft eilig hinaus und trifft auf gleich 50 Tänzerinnen, die sich drehen und schütteln, was zu schütteln ist. Alle tanzen und singen, Radha, Sudhir und die indischen Beauties. Schöner kann es eigentlich nicht mehr werden (wird es aber doch, denn der Film geht noch über zwei Stunden). Ihnen wird übel bei so viel Schmalz? Nicht doch ... das ist eben Bollywood.

Und Bollywood weiß, was die Inder wünschen, daher sind sich die Filme in der Machart oft sehr ähnlich. Es geht um die große Liebe, auf deren Weg zur Erfüllung die Protagonisten einige Hindernisse erwarten – in Form von ungleicher Kastenzugehörigkeit, bösem Nebenbuhler oder sonstigen Widrigkeiten. Der holprige Weg zur Zweisamkeit ist gesäumt von allerlei Tanz- und Gesangseinlagen. Am Ende ist Friede, Freude, Eierkuchen oder Hochzeit angesagt. Sollten Sie so lange durchgehalten haben, dürften Sie vermutlich ziemlich erledigt sein, denn das bunte Spektakel eines Bollywoodfilms, in dem sämtliche Genres verwurstet werden, dauert nicht selten drei Stunden. Das sind zwei Rosamunde-Pilcher-Filme, wobei Bollywood dann doch wesentlich mehr Unterhaltungswert liefert. Wie ich finde.

Da Filmkultur auch immer ein Spiegel der Gesellschaft ist, liefern die Helden des Bollywoodfilms durchaus Aufschlussreiches zutage. Doch aus welchem Muster sind Held und Heldin gestrickt?

Der Held ist ein ganz ein Lieber. Ein Mann, der weint, der liebt und lacht. Sein Glück hängt stark vom Befinden seiner Mutter ab. Er ist päpstlicher als der Papst. Einer, der das Gute verkörpert und gegen das Böse kämpft. Männlich wirkt er, wenn er mit seiner schwarzen Lederjacke auf dem Motorrad sitzt oder mindestens eine Tanzeinlage im Lederoutfit absolviert. Ach ja, nebenbei ist er gut im Nahkampf und kann Horden Krimineller im Alleingang besiegen. Im Vergleich zu raubeinigen Hollywoodhelden ist der indische Held also so etwas wie ein verweichlichter Barde mit Kampfqualitäten. Und wen umwirbt er?

Einige Jahrzehnte hatte es nur die treusorgende, ehrbare und leidensfähige Frau mit dem goldenen Herzen verdient, am Ende glücklich zu sein, so die Botschaft. In den letzten

Jahrzehnten hat sich das allerdings verändert. Nicht, dass die Heldin eine *Femme fatale* oder allzu unabhängig sein darf, aber sie hat einen Wandel erlebt. Neben den traditionellen Verkörperungen gibt es jetzt auch modernere Darstellungen von Frauen. Manchmal finden gar gesellschaftliche Themen wie die Frauenbewegung oder das Hinterfragen alter hierarchischer Strukturen ihren Weg ins Drehbuch.

Neben den typischen Bollywoodfilmen gibt es eine Szene des alternativen Films. International Beachtung fand die Trilogie *Fire* (1996), *Earth* (1998) und *Water* (2005) von Deepa Metha. Die nach Kanada emigrierte Regisseurin bildet Tabuthemen ab wie das gesellschaftlich ausgrenzende Leben der Witwen in den 1930er-Jahren oder lesbische Liebe. Mira Nair ist eine weitere erfolgreiche Regisseurin, die Indien verließ und nun zwischen New York und Kampala (Uganda) pendelt. Ihr erfolgreichster Film *Salaam Bombay!* (1988) liegt zwar schon Jahre zurück, gewann allerdings seinerzeit – neben weiteren kleinen Preisen – in Cannes den Publikumspreis und wurde für den Oscar nominiert. Die Geschichten von Nair handeln vom Leben der Unterprivilegierten, das sie auf Zelluloid bannt.

Die Szene des alternativen Films wächst langsam, aber stetig und steht im Kontrast zur bunten, klassischen Bollywoodinszenierung. Hier wird auf Musik verzichtet und es werden Themen aufgegriffen, die nichts mit der klebrigen heilen Welt zu tun haben. So auch *Gangs of Wasseypur* von Anurag Kashyap, der von rivalisierenden Gangs in einem Kohleabbaugebiet handelt. Oder der packende Thriller *Peddlers* von Vasan Bala, der das Leben zweier armer Mitzwanziger in Mumbai beschreibt, die zum Drogenhandel gezwungen und von einem sadistischen Polizisten gejagt werden.

Während im alternativen Film die Story im Vordergrund steht, ist es im Bollywoodfilm die Starbesetzung. Ganz Indien ist verrückt nach Stars wie Shah Rukh Khan. Ganz Indien? Ach was, Shah Rukh »King Khan« hat weltweit hunderte Millionen Fans. Zu den ganz Großen im Geschäft zählen auch Amir Khan und Amitabh Bachan. Doch nicht nur die Stars spülen die Inder ins Kino, sondern auch die Songs. Letztlich sind sogar sie entscheidend dafür verantwortlich, ob ein Film richtig erfolgreich wird. Ob im Bus, der Rikscha oder aus dem Handy, Filmsongs werden überall gespielt und mitgesungen.

Der Bollywoodfilm ist aber auch ein wichtiger sozialer und persönlicher Kitt. Die Armen Indiens können die harte Realität beim Mitweinen, -lieben und -lachen vergessen. Für ein paar Rupien macht die Traumfabrik die Welt für eine Weile schön.

Harte Fakten

Wo Liebe und Glück eine heile Welt verheißen, herrscht eine ganz andere Kultur hinter den Filmkulissen. Die Hälfte aller Investitionen im Filmbusiness sollen mit Krediten aus der Unterwelt gedeckt sein, die damit Einnahmen aus Prostitution, Drogenschmuggel und Waffelschiebereien reinwäscht. Manchmal gibt's Ärger, wenn der Drogenboss Einfluss auf das Drehbuch nehmen will. Weil das bei einer Weigerung gefährlich sein kann, aber auch wegen Schutzgelderpressung erfolgreicher Regisseure, Produzenten und Stars beschützen um die 2.000 Polizisten 40 Bollywoodstars.

Beliebt ist auch der Wechsel vom Filmgewerbe in die Politik. Die Schauspieler werden Zugpferd für eine Partei oder selbst gleich Mandatsträger. Wie N.T. Rama Rao, ein großer Star der 60er- und 70er-Jahre, der eine Partei (TDP) gründete und sogar zum Ministerpräsidenten von Andhra Pradesh gewählt wurde. Die Geschichte ging nicht gut aus. Sein Schwiegersohn putschte innerparteilich und nahm sein Amt ein. Ein paar Monate später erlitt der einst gefeierte Star einen Herzinfarkt und starb.

Indien ist der weltweit größte Filmproduzent. Von den 1.000 Filmen pro Jahr kommen etwa 300 aus Mumbai. Dessen früherer Name Bombay und der Vergleich zur amerikanischen Traumfabrik kreierte den Namen Bollywood.

5

IN INDIEN IST ARMUT BERECHENBAR

Schönen neues Indien. Die Wohnblocks der neu entstandenen Mittelschicht schießen wie Pilze aus dem Boden. In modernen Hochhäusern will man teilhaben am modernen Lebensgefühl, das der wirtschaftliche Aufschwung der letzten Jahre verspricht. Stehen Hütten oder Verschläge auf dem Bauland, zerstört die Baufirma kurzerhand die Behausungen der Mittellosen, die keiner im neuen Wohnumfeld haben möchte. Zäune und uniformierte Wachposten schützen die Bewohner der schicken Wohnblocks vor Bettlern, Armen und Krüppeln. Die hingegen wohnen entweder auf der Straße oder in Baracken, manchmal nur unter einer zerlöcherten Plastikplane, die von ein paar Brettern stabilisiert wird.

Das schöne neue Indien ... die vorherige Regierung hatte eine Planungskommission beauftragt, die Armut in Indien neu zu definieren und zu senken. Nichts leichter als das, dachte sich diese Kommission wohl und legte die Grenze für Armut einfach unter die international festgelegten Richtlinien. Schon hatte Indien ein Teil seines Armutsproblems gelöst. Ein Landbewohner brauchte plötzlich nur noch 33 Cent und ein Stadtbewohner nur 42 Cent pro Tag, um keinen Hunger mehr zu leiden. Ergo: 50 Millionen Arme weniger und damit Einsparungen von Lebensmittelrationen. Opposition und Hilfsorganisationen kritisierten diese Form der Schönrechnerei lautstark.

Die Regierung unter Narendra Modi, die seit 2014 an der Macht ist, kommt nun doppelt in Bedrängnis, da eine neue Statistik die Vorzeichen erneut ändert. Ein Expertengremium stufte nach einer Neuberechnung 363 Millionen Inder als arm ein, das sind etwa 30 Prozent der Bevölkerung des Landes. Auf einen Schlag gibt es wieder 100 Millionen mehr Arme. Aktuell werden 39 Cent für das Leben auf dem Land und 57 Cent für den Stadtbewohner pro Tag veranschlagt, um nicht mehr als arm zu gelten.

Viele Arme wohnen in Slums. Meist sind die Bewohner nicht behördlich registriert und erhalten deshalb keine Lebensmittelrationen. Gekocht wird in den kleinen Hütten auf offenem Feuer, als Brennmaterial dienen getrockneter Kuhmist, Holz oder Kohle. Der entstehende Rauch schädigt die Atemorgane, vor allem die der Kinder. Im Slum sind die Wege lehmig, in der Monsunzeit weichen die Böden auf und Unrat und Schmutz wird in die Bretterverschläge geschwemmt. Ist die Monsunzeit zu Ende, ist ein Slum die ideale Brutstätte für Ungeziefer und Moskitos. Müll säumt die Wege, stinkende Rauchschwaden zeugen davon, wie Müll in Indien beseitigt wird: Er wird verbrannt, das wärmt in den kühlen Morgenstunden und erledigt das Müllproblem. Jeden Morgen stellen sich die Frauen der Slums an den raren Wasserpumpen an, um sich Wasser für den Tag abzufüllen. An schlechten Tagen fließt das kostbare Gut nur im dünnen Rinnsal in die Behälter. Toiletten gibt es kaum, die Notdurft verrichtet man draußen. Strom kann manchmal illegal angezapft werden. Privatsphäre gibt es keine, dafür ist der Wohnraum viel zu knapp.

Aber nicht alle Slums bestehen aus fensterlosen Bretterverschlägen. Der weltweit größte Slum, Dharavi in Mumbai, beherbergt mit einer halben Million Einwohner so viele Menschen wie Bremen. Dharavi ist im Grunde selbst eine eigene Stadt innerhalb des großen Mumbai mit Läden, Töpfereien, Gerbereien und kleinen Handwerksbetrieben.

Erschreckend ist, dass von den 16 Millionen Einwohnern Mumbais etwa die Hälfte in Slums oder unter freiem Himmel lebt. Häufig werden notdürftig zusammengezimmerte Hütten und Verschläge an Bahndämmen gebaut. Hier sind die Chancen gut, dass Zugpassagiere etwas Verwertbares aus dem Fenster werfen. Kinder, Männer und Frauen in zerrissenen Kleidern suchen die Bahnstrecken nach Essbarem ab. Besonders elend sind die Zustände an den Müllbergen, deren Ränder die Baracken der Ärmsten säumen. Dort, wo sich der Abfall der Wohlhabenderen türmt, leben diejenigen, die sich von Müll ernähren. Sie graben mit den Händen in den Müllbergen, immer auf der Suche nach Essen und Verwertbarem.

Kinder, die in Armut aufwachsen, haben wenige Chancen auf ein langes Leben. Zu giftig sind die Dämpfe, zu hart die Arbeit in den Fabriken oder auf den Feldern, zu gravierend sind die Folgen mangelnder Ernährung. 1,7 Millionen indische Kinder sterben jährlich an den Folgen der Unterernährung. 43 Prozent aller Kinder unter fünf Jahren sind unterernährt.

Harte Fakten

Apropos Neuberechnung – auch die Weltbank stuft jedes Jahr Länder neu ein. Grundlage bildet das Bruttonationaleinkommen, also das Einkommen aller Bewohner des Landes. Danach erfolgt die Einteilung in arme, mittlere und reiche Länder. Werden 1.045 Dollar überschritten (je Einwohner und Jahr), steigt das Land von der armen auf die mittlere Einkommensstufe. Auf der mittleren Stufe ist nun auch Indien. Doch was, wenn die Verteilung des Einkommens innerhalb des Landes ungleich ist? Wenn sich der Wohlstand auf wenige Reiche konzentriert, die Mehrheit aber arm bleibt? Und wenn einige Bundesstaaten viel ärmer sind als andere? Dann sinkt die absolute Zahl der Armen nicht, trotz des Wachstums im Land, und einige Bundesstaaten haben noch weniger Möglichkeiten, die Armut zu verringern.

Sehr deutlich wird das Gefälle, schaut man auf den Anteil des Konsums. In Indien konsumieren die unteren zehn Prozent 3,5 Prozent, und die oberen zehn Prozent satte 30 Prozent. Allein in Indien leben 276 Millionen Menschen von weniger als 1,90 Dollar am Tag. Insgesamt leben weltweit mehr als 75 Prozent der Armen in Ländern mit mittlerem Einkommen.

Durch diese Einteilung kommen die armen Länder, die in die mittlere Stufe eingeteilt wurden, in arge Bedrängnis. Sie verlieren ihren Sonderstatus bei Handel und Zoll, der nur für als arm eingestufte Länder gilt. Positive Effekte ergeben sich daraus beispielsweise für Pharmaunternehmen. Diese geben nun keine Rabatte mehr auf Medikamente und verkaufen ihre Produkte lieber teurer an die Reichen des Landes.

Weitaus gerechter und aussagekräftiger wäre eine Berücksichtigung der Indexe Gesundheit, Bildung und Lebensstandard als auch eine Berücksichtigung der einzelnen Bundesstaaten und Regionen. Die Herausforderungen der Länder, die in den letzten Jahren in den mittleren Einkommensbereich gerechnet wurden, verschärfen sich immens. Denn, wie überall – Reichtum und Wohlstand konzentrieren sich auf die Hände weniger.

Aber

Unser westlicher Blick auf die Armut des Landes mag zu Resignation führen. Die Menschen dort sind, soweit sich das verallgemeinern lässt, aber durchaus zuversichtlich und erfinderisch. Trotz der oft schwierigen Lebensumstände scheinen viele Inder weitaus zufriedener zu sein als die Menschen in unserer Überflussgesellschaft. Festen Halt geben der Glaube und die Bande der Familie. Individualismus, der bei uns so erstrebenswert ist und zu einer Art Ersatzreligion wurde, spielt hier kaum eine Rolle. Und so trifft man Menschen, die bei uns als bettelarm gelten würden und doch nicht verzweifelt sind. Ganz im Gegenteil, oft genug sind es gerade die einfachen Menschen, die viel Herzlichkeit und Lebensfreude ausstrahlen.

Darüber hinwegtäuschen darf so etwas aber nicht, dass dem, der an Hunger leidet, schnell auch der größte Optimismus vergeht.

6

INDIENS ARME ERFINDER LAUFEN DEN SCHWABEN DEN RANG AB

Nehmen wir an, Sie sitzen Sie gerade mit frisch gewaschenen Haaren in Ihrem Fertighaus, spielen eine Runde Schach am Computer und haben null Ahnung, ob Ihrer Freundin das neue Kamasutra-Buch gefallen wird. Sie hören dabei Radio, knöpfen sich Ihr Baumwollhemd zu und rechnen nebenbei aus, wie viel die Ayurveda-Kur kosten wird, die Sie vorhin mit ihrem per WLAN verbundenen Laptop recherchiert haben, weil Sie nach Ihrer Grauen-Star-OP Erholung brauchen. Und Sie fragen sich, ob Sie jemals wieder im Badminton-Verein eine passable Leistung werden abliefern können?

So weit, so gut. Dann frage ich Sie nun, wie viele indische Erfindungen an dieser Szenerie beteiligt sind? Die Auflösung gebe ich Ihnen am Ende des Kapitels.

In Deutschland gelten die Schwaben als die nationalen Tüftler, deren Rang international aber locker von den Indern abgelaufen wird. Weil Not, die wir hierzulande zum Glück meist nur noch sprichwörtlich kennen, wirklich erfinderisch macht. Bei der meist armen Landbevölkerung Indiens, die hart schuftet, um über die Runden zu kommen, herrscht ein Daniel-Düsentriebscher Erfindergeist, dessen kreative Schöpfungen die schwere Arbeit erleichtern. Das erkannte auch der Wirtschaftsprofessor Anil K. Gupta, der seit über 12 Jahren mit seinem Team durch Indien wandert und in den Dörfern nach originellen und nachhaltigen Ideen sucht. Ob technisch oder medizinisch, alles, was hilft und nachhaltig ist, wird in einer Online-Datenbank auf www.sristi.org dokumentiert. Geht eine Erfindung in Produktion oder wird anderweitig wirtschaftlich genutzt, wird der Erfinder beteiligt. Rund 75.000 Einträge umfasst die Datenbank, die nicht nur dem Einzelnen finanzielle Vorteile bringt, sondern verhindert, dass wertvolles altes Wissen in der Versenkung verschwindet oder nur lokal von Einzelnen genutzt wird. Von der kräuterbasierten Anti-Moskitocreme oder Medizin gegen Tuberkulose bis hin zur Dreschmaschine für Reis oder der Möglichkeit, Strom aus Kuhdung zu gewinnen. Ein cleveres Mädchen aus Kerala machte der anstrengenden Handwäsche ein Ende und erfand eine Waschmaschine mit Pedalantrieb.

Den ersten Preis der National Innovation Foundation, einer Organisation zur Unterstützung der Selbsthilfe, gewann Dodhi Pathak. Der Mann, dessen Alter auf 48 geschätzt wird, erlebte eine sehr arme Kindheit. Diese bildete wohl die Basis für seinen festen Glauben an seinen Erfindergeist. Als er zu arm war, um sich ein Fahrrad zu kaufen, das er dringend brauchte, ging ihm ein Licht auf. Er nutzte einen lokalen Rohstoff, von dem es reichlich gab: Bambus. Damit baute er ein Fahrrad, das bis auf Reifen und Schlauch nur aus Bambus bestand. Außerdem erfand er eine Bambus-Handpumpe für Brunnen und Grundwasser. Damit noch nicht genug, er entwickelte aus den hochwachsenden Gräsern auch eine Alternative für alle, die schon lange überlegen, eine Zusatzversicherung für Zahnersatz abzuschließen. Für sein eigenes Gebiss machte er sich zwei künstliche Schneidezähne aus Bambus, mit denen er sogar festes Essen wie Ziegenfleisch kauen kann.

Auflösung: 15 indische Erfindungen sind es. Vom Shampoo, Schach, der Null und dem Fertighaus über Kamasutra, Radiowellen, Knöpfe, Baumwollkleidung und das Dezimalsystem bis hin zum kabellosen Internet, dem Pentium Prozessor, Ayurveda, der ersten Augenoperation, Badminton und Clubs, also der Vorstufe von Vereinen – allesamt indische Erfindungen!

7

Indische Schüler und Lehrer pinkeln hinter Büsche

Seien Sie ehrlich – haben Sie früher öfter die Schule geschwänzt? Das muss Ihnen nicht peinlich sein. Auch in Indien wird Schulschwänzen großgeschrieben. Allerdings sind es hier nicht die Schüler, sondern die Lehrer, die sich drücken. Vor allem auf dem Land bleiben die Klassenzimmer oft leer. In manchen Bundesstaaten sind 46 Prozent der Lehrer abgängig und kommen nur manchmal, selten oder auch nie. Bei einer Untersuchung eines Distrikts in Uttar Pradesh kam zutage, dass ein Lehrer in zweistündiger Flugentfernung wohnte, ein anderer war zuletzt vor sechs Jahren in der Schule gesehen worden.

Da verwundert es nicht, dass die Stadt Almora zu ungewöhnlichen Maßnahmen griff. Hier richtete eine Schule Kameraüberwachung in den Klassenzimmern ein. Ganz richtig, um das Fehlen der Lehrer zu reduzieren. In staatlichen Schulen mangelt es aber nicht nur an Lehrern, sondern auch an Toiletten. Deshalb sollen nun zunächst Toiletten gebaut werden in der Hoffnung, dass der Lokus den Lehrer in die Schule lockt.

Weil so viele Lehrer schwänzen, sitzen oft mehrere Jahrgänge mit 50 bis 80 Schüler in einem Klassenzimmer. Meist besteht der Unterricht aus stupidem Wiederholen und Auswendiglernen.

Es mag seltsam anmuten, dass Millionen Eltern nichts gegen solche Missstände unternehmen wollen oder können. Das mag dem indischen Fatalismus und einem Gefühl der Machtlosigkeit gegen »die da oben« oder die Politiker in der Hauptstadt entspringen. Deshalb schickt, wer es sich leisten kann (und das sind die wenigsten), den Nachwuchs in eine Privatschule und nicht in eine der 1,4 Millionen staatlichen Schulen, 33.000 Colleges und 659 Universitäten.

Seit 2010 ist in der indischen Verfassung festgeschrieben, dass die Schulbildung bis zum Alter von 14 Jahren kostenlos und sowohl Recht als auch Pflicht ist. Seitdem ist die Einschulungsquote zwar gestiegen, aber auch die Rate der Schulabbrecher. Über ein Drittel bricht vor der achten Klasse ab und 20 Prozent der Schüler beenden nicht einmal die Grundschule.

Immerhin brachte der letzte Zensus von 2011 Erfreuliches zutage. 74 Prozent Alphabetisierung kennzeichnen einen stetigen Zuwachs (1951: 18 Prozent, 2001: 65 Prozent), wobei der Grad der Alphabetisierung fraglich ist. 2009 stellten sich Indien und Konkurrent China erstmals dem PISA-Test und somit dem internationalen Vergleich. Beide Staaten schickten nur vorselektierte Schüler ins Rennen, somit ist das Ergebnis nicht repräsentativ. China belegte den ersten Platz. Indien in allen Kategorien (Mathe, Wissenschaft und Lesen) den vorletzten oder letzten Platz, abwechselnd mit Kirgisien. Die Mehrheit, nämlich 72 Prozent der ausgewählten »Eliteschüler«, konnte kaum die Aufgaben lesen und hatte große Verständnisschwierigkeiten. Es fehlt also nicht nur an Toiletten, sondern augenscheinlich an ausreichend Bildung, vor allem auf dem Land.

Das vernichtende Resultat wurde auf indischer Seite kleingeredet. Man hielte nichts von solchen Tests, hieß es dort. Am nächsten PISA-Test nahm man dann einfach nicht mehr teil.

Die Regierungspartei BJP arbeitet indes an der Umstrukturierung der Bildungsinhalte, die ihnen zu wenig hinduistisch sind. Die Kultur, die Ethik und Werte aus dem alten Hindureich sollen vermittelt und angewandt werden. Schulbücher werden umgeschrieben. Mythen werden zur Geschichte. Kritik wird damit abgetan, die Schulbücher seien von linker Propaganda durchsetzt. In Delhi verwandelten sich Schulen und Tempel in hinduistische Lehrschulen (Shakhas), und Hindutva-Aktivisten, also Hindunationalisten, treten vermehrt in Delhi und besonders in den Slums auf. Einige Schulen Delhis haben die Bilder vom ersten indischen Premiers Nehru und des Freiheitsaktivisten Gandhi gegen Hindutva-Ideologen ausgetauscht. Da heißt es, wachsam zu bleiben.

Harte Fakten

Unter der hindunationalen Regierung der BJP wird an der Bildung herumgedoktert. Seit 2011 hatte der staatliche Schulverband mit dem Goethe-Institut kooperiert. An 500 Schulen wurde Deutsch in den Lehrplan aufgenommen. Über 78.000 Kinder lernten Deutsch, das Goethe-Institut hatte eigens 700 Deutschlehrer ausgebildet und das Auswärtige Amt jährlich 700.000 Euro beigesteuert. Damit ist jetzt Schluss, denn der indische Sanskrit-Verband hatte vor dem Obersten Gerichtshof argumentiert, dass es nicht verfassungskonform sei, eine Fremdsprache anstelle einer indischen Sprache zu unterrichten. Mitten im Schuljahr im Oktober 2015 fiel die Entscheidung, Sanskrit anstelle von Deutsch zu lehren, was unverzüglich umgesetzt wurde. Was man dabei wissen muss: Sanskrit ist eine tote Sprache, die nur im religiösem Kontext verwendet wird.

Statt »Guten Tag, ich heiße Parvin und möchte ein Brot kaufen« heißt es nun:

सर्वे मानवाः स्वतन्त्राः समुत्पन्नाः वर्तन्ते अपि च, गौरवदृशा अधिकारदृशा च समानाः एव वर्तन्ते। एते सर्वे चेतना-तर्क-शक्तिभ्यां सुसम्पन्नाः सन्ति। अपि च, सर्वेऽपि बन्धुत्व-भावनया परस्परं व्यवहरन्तु।

also: »anubandham kshayam himsâm anapekshya ca paurusham mohâd ârabhyate karma yat tat tâmasam ucyate«

also: »Wenn ohne Rücksicht auf die Kraft, auf Folgen, Schädigung, Verlust blindlings die Tat begonnen wird – das ist die Art der Finsternis.« *(Kapitel 18, Vers 25 aus der Bhagavad Gita, zentrale Schrift des Hinduismus)*

8

In Indien werden Elefantenköpfe transplantiert

Wenn sich der britisch-indische Schriftsteller Salman Rushdie zu Wort meldet, horcht man in Indien auf. »Alarmierende Zeiten für die Meinungsfreiheit in Indien«, twitterte er, nachdem drei Inder von Motoradschützen umgebracht worden waren, einer davon Schriftsteller, die anderen linke Politiker. Mit dieser Meinung steht er nicht alleine da. 41 indische Autoren gaben Ende 2015 ihre Preise der renommierten Sahita-Literaturakademie aus Protest gegen die zunehmende Gewalt und Angriffe auf Intellektuelle und die Meinungsfreiheit zurück. Diese Morde bilden den traurigen Höhepunkt einer Reihe von Angriffen. Opfer sind dabei oft Autoren, die als pakistan- oder muslimfreundlich gelten oder sich kritisch mit dem Hinduismus auseinandersetzen. Intellektuelle Indiens sehen die Demokratie und mit ihr die freie Meinungsäußerung in Gefahr. 200 von ihnen unterzeichneten Ende 2015 einen Protestbrief, in dem sie kritisierten, dass wichtige Posten gezielt an BJP-Mitglieder mit mangelnder Qualifikation vergeben wurden.

Was ist passiert?

Seit Machtantritt der hindunationalen Partei BJP (Bharatiya Janata Party) im Mai 2014 wurden zahlreiche hohe Stellen mit Parteimitgliedern besetzt. Vor allem unabhängig agierende Verbände und Organisationen sollen stärker unter Regierungskontrolle kommen. So wurde beispielsweise der Schauspieler Gajendra Chauhan zum Direktor des Instituts für Film und Fernsehen in Puna ernannt. Die Studenten revoltierten dagegen und gingen für 139 Tage in den Hungerstreik. Neben mangelnder fachlicher Eignung warfen sie ihm seine Mitgliedschaft in der BJP vor.

Mit der BJP ist eine Partei an der Macht, die sich für die Hinduisierung der Gesellschaft einsetzt. Sie ist Teil der Hindutva, der hindunationalen Bewegung, von der die BJP eine von drei Säulen ist. Während die BJP den parlamentarischen Rahmen abdeckt, ist die religiöse Autorität der VHP (Vishva Hindu Parishad). Der RSS (Rashtriya Swayamsevak Sangh, »Nationale Freiwilligenorganisation«) bildet als drittes Glied die organisatorische und ideologische Kaderschmiede. Gemeinsam mit zahlreichen hindunationalistischen Organisationen haben sie die Vision eines Indiens für Hindus. Und in einem Indien der Hindutva werden Moslems, Christen und andere religiöse Gruppen in ihrer Freiheit beschnitten und ihrer Bürgerrechte beraubt. Straßenkämpfe und Agitationen von Hindunationalisten gegen Muslime sind heute an der Tagesordnung. Einen Grund finden die Agitatoren immer. So brachen in Mangaluru Straßenkämpfe aus, weil ein muslimischer Frisör sich weigerte, seinen Laden am Dienstag zu schließen, dem Tag, an dem Hindus ihre Haare nicht schneiden.

Dabei gibt es eigentlich keinen gemeinsamen Bezug der Hindunationalisten, so deutsche Wissenschaftler. Dazu fehle dem Hinduismus das eigentliche Fundament. Sie gehen davon aus, dass der Hinduismus vielmehr benutzt wird, um eine nationalistische Politik durchzusetzen. Demnach wäre die Hindutva eine nationalistische Bewegung mit den dort beliebten Hauptkomponenten: Führerkult, Rassenlehre, Aufmärsche. Um Letztere kümmert sich die RSS, der mehrere Millionen Männer angehören und die indienweit täglich etwa 50.000 Treffen abhält. Sport und ideologische Bildung gehören zu den Aufgaben des RSS und eben Aufmärsche, die zahlenmäßig beeindrucken.

So kamen Anfang Januar 2016 über 150.000 Anhänger in Reih und Glied stehend in Puna zusammen, um Chhatrapati Shivaji zu ehren. Dieser Hinduführer kämpfte im 17. Jahrhundert gegen die muslimischen Invasoren. In der Geschichte Indiens gab es ab dem 8. Jahrhundert immer wieder Perioden muslimischer Herrschaft, die sich teilweise wirtschaftlich und kulturell sehr bereichernd auswirkten. Das sieht die BJP anders und verlieh in ihrer Regierungsperiode in den 90ern dem Bahnhof, dem Prince of Wales Museum und dem Flughafen in Mumbai den Namen des Kriegsherren Chhatrapati Shivaji.

Dass die RSS kein harmloser Pfadfinderverein ist, zeigt sich an RSS-Chef Mohan Bhagats Äußerung: »In den letzten 1.200 Jahren wurde unsere Gedankenwelt verschmutzt und von den Werten von Menschen und Kräften *[Anmerkung: Damit meint er die muslimischen Dynastien und Moguls.]* beeinflusst, die Bharat *[Indien]* attackiert und regiert haben. Wir müssen diesen Einfluss komplett ausmerzen *[...]* und ein Bildungssystem einführen, das auf unserer Kultur, unseren Werten und unserer Ethik fußt.«

Das heißt im Klartext: die Schulbücher umschreiben und das auf den Lehrplan setzen, was zur eigenen Ideologie passt. So wird die indische Frühgeschichte als goldenes Zeitalter stilisiert, während die Epochen der Mogulherrscher äußerst düster gezeichnet werden. Diese Umschreibungen werden den Konflikt zwischen Hindus und Muslimen verengen, kam als Statement dazu aus der Geschichtsfakultät der Universität Delhi.

Etwas verstörend wirkte die Äußerung von BJP-Premierminister Modi, als er allen Ernstes behauptete, die mythologische Geschichte um den Austausch von Ganeshs Kopf mit einem Elefantenschädel zeige, dass plastische Chirurgie bereits im alten Indien praktiziert wurde. Ein BJP-Mitglied des Parlaments setzte ermutigt noch einen drauf: Auch Nukleartests habe das alte Indien durchgeführt. Noch wilder die These, dass die Arktis Teil Indiens gewesen sei. Wenn ein ganzer Kontinent verschoben werden konnte, dann sei die Transplantation eines Elefantenkopfs ein Klacks, munkelt man.

Diesen Größenwahnsinn nimmt die BBC Comedy *Goodness Gracious Me* aufs Korn und liefert direkt Beweise: In welchem Land bekommen Eltern ohne Sex Kinder? Nur in Indien. Auch Superman ist Inder, denn er rennt schneller als ein Zug – in welchem Land könne man schon schneller rennen als ein Zug? Natürlich nur in Indien ...

Harte Fakten

Generell versucht die BJP, ihre Ideologie geschickt zu verbreiten. Sie bedient sie sich dessen, was das kollektive Gedächtnis einer Nation ausmacht – ihrer Geschichte, ihrer

Kultur und ihrer Helden –, und stellt sie im eigenen Sinne dar. Gandhi hatte sich als Friedensaktivist und Freiheitskämpfer für eine absolute Gleichberechtigung der Muslime eingesetzt. Bei seinen täglichen Abendgebeten rezitierte er Texte aus allen großen Religionen, auch aus dem Koran. Das war hindunationalen Organisationen schon damals ein Dorn im Auge. Heute versucht man, ihm eine andere Bedeutung zu geben und aus dem Freiheitshelden einen Aktivisten für Hygiene und Reinheit zu machen. Mit diesem Versuch der Umdeutung wurde zeitgleich der langjährige Direktor des Gandhi-Museums durch einen linientreuen Leiter ersetzt.

Leider ist Intoleranz und Hass in Indien nichts Neues. Das Attentat des Hindunationalisten Godse auf Gandhi im Jahr 1948 war ein erschreckender Vorfall, der das Land traumatisierte. Doch schon während der Wanderungen der Muslime nach Pakistan und die der Hindus nach Indien, direkt nachdem 1947 vormals Britisch-Indien recht willkürlich in Indien und Pakistan aufgeteilt wurde, führten zu einem gegenseitigen Abschlachten und Morden mit einer Million Toten.

Das Land versuchte zu vergessen. Die Vision eines Indiens im Geiste Gandhis wurde von der Mehrheit angestrebt. Leben und leben lassen wurde zur Devise der meisten Bürger. Ein Indien für alle Inder, gleich welcher Religion sie angehören, war ihre Vision – und auf die immense Vielfalt im Land waren viele Inder stolz. Heute hat eine Stimmung von religiöser und kultureller Intoleranz zu einem verstörenden Trend geführt. Es gibt Stimmen, die befürchten, Indien könne sich zu einem hinduistischen Klon Pakistans entwickeln.

9

DIE SPINNEN, DIE INDER ... (WÜRDE ASTERIX DAZU SAGEN)

Unbedingt sollte eine zahme Ratte meine Schulter zieren, dachte ich mit ungestümen 18 Jahren. Leider wurde sie nie zahm, und auch sonst nahm es kein gutes Ende mit der Ratte, die ich im Tierladen vor dem Tod als Schlangenfutter gerettet hatte. Unter meiner »Pflege« wurde sie leider nicht allzu alt.

Wie viel besser ergeht es dagegen den Ratten in Deshnok, einem Pilgerort in Rajasthan, die dort einen ganzen Tempel bewohnen. Tausende Pilger kommen jährlich zum Ratten-tempel der Karni Mata, einer Reinkarnation der Göttin Dur-ga. Hinter einer prachtvoll verzierten weißen Marmorfassa-de erschließt sich ein eigener Rattenkosmos. Hier wohnen 20.000 Ratten, die es sich so richtig gut gehen lassen. Im Däm-merlicht des Tempels funkeln unzählige schwarze Augen.

Jeder Pilger ist besonders erpicht, eine seltene weiße Ratte zu erblicken, die besonderen Segen verspricht. Sonst tun es aber auch die gewöhnlich grauen Exemplare – denn jede Be-rührung verheißt Glück.

Aus flachen silbernen Tabletts trinken die Nager Milch und auf dem Boden finden sich gelbe Spuren vom eigens für sie gekochten Maisbrei. Hier greifen auch gern die Pilger zu, denn es soll ebenfalls Glück bringen, von der gesegneten Speise zu essen oder aus der Milchschale zu trinken, nachdem eine Ratte sich daran gelabt hat. Die Ratten von Deshnok sind derart heilig, dass ihnen nicht einmal der Pestausbruch in Surat in den 90er-Jahren den Garaus machte, ganz im Gegenteil. Gläubige tranken Milch und Wasser aus dem Rattentempel als Medizin, ungeachtet der Tatsache, dass die Flöhe der Ratten als Überträger der tödlichen Krankheit gelten.

Ungläubig lesen Sie diese Zeilen? Da geht es Ihnen wie den Briten, die während der Kolonialzeit schockiert feststellten, dass sie den Ratten als Überträger der Pest nicht den Garaus machen konnten, weil der Nager in Indien als heilig gilt.

Haarige Fakten

Der Rattentempel gründet sich auf der Legende der Karni Mata, die im 14. Jahrhundert in Deshnok gelebt haben soll und wegen ihrer übersinnlichen Fähigkeiten bereits zu Lebzeiten als Heilige verehrt wurde. Ein Fürst bat sie, Kontakt mit dem Totengott Yama aufzunehmen, um seinen verstorbenen Sohn auferstehen zu lassen. Das könnte so geklungen haben:

Karni: »Gib mir den Jungen des Fürsten zurück.«

Totengott Yama: »Pah. Du kommst zu spät. Ich habe das freche Fürstenfrüchtchen als Tagelöhner im Hunsrück inkarniert. Das wird ihm eine Lehre sein.«

Karni: »Wie konntest du das tun! Als Strafe wird keiner meiner Anhänger jemals auch nur einen Fuß in dein Reich setzen. Eher sollen sie als Ratten wiedergeboren werden. So sei es!«

Als Folge werden die Ratten bis heute geschützt, da sie die Seelen der Verstorbenen in sich tragen. Außerdem ist eine Ratte (oder Maus, da sind sich die Hindus uneins) das Reittier des beliebten Elefantengottes Ganesh. Wer so stark ist, dass er einen ausgewachsenen Elefantengott tragen kann, mit dem legt man sich besser nicht an.

Meine Ratte hat sich hoffentlich in Deshnok inkarniert.

In Tirumala hingegen werden nicht Ratten, sondern Venkateswara, eine Inkarnation Vishnus, verehrt. Tausende Pilger strömen täglich zum Tempel, der in einer weiträumigen Anlage auf einem Berg steht. Auffallend oft wird hier, ob Mann oder Frau, Kind oder Kegel, Glatze getragen. Das hat einen guten Grund. Die Göttin erfüllt Wünsche, erwartet aber als Gegenleistung: Haare!

Auf dem Gelände wetzt die Frisörzunft ihre Scheren. 600 von ihnen scheren täglich die Köpfe kahl, das dichte schwarze Haar der Inder(innen) fällt leise auf den Boden und wird besonders behutsam gesammelt. Bei 20 Millionen Pilgern im Jahr kommen stattliche Haargebirge zustande. Und weil die Inderinnen besonders schönes Haar haben, wird es weiterverwendet. Haarlose Frauen in den USA und Europa freuen sich, auch wenn der Preis für eine handgeknüpfte Perücke bis zu 10.000 Dollar betragen kann.

In Tirumala fließen der Erlös aus dem Haargeschäft und die Geld- sowie Schmuckspenden in die Tempelstiftung, die davon 14.000 Beschäftigte bezahlt, Krankenhäuser, Schulen und Wohlfahrtsprogramme unterhält. 2003 kamen aus dem Haarverkauf vier Millionen von insgesamt 116 Millionen Dollar Einnahmen zusammen, gab die indische *Economic Times* Einblick. Eine haarige Angelegenheit ...

10

TOTE INDER TREIBEN IM GANGES

Während ich sehe, wie ein Mann in den Fluss pinkelt, nimmt ein Junge ein paar Schlucke vom trüben Wasser, weiter drüben wäscht eine Frau ihre Haare und dort hinten zwischen den Plastiktüten treibt ein toter Hund. Tausende Pilger tauchen täglich im heiligen Bade unter, trinken vom heiligen Nass und transportieren das Wasser, abgefüllt in Kanistern, hunderte Kilometer weit bis nach Hause. Hindus verehren ihren heiligsten Fluss, den Ganges, zutiefst.

Ich bin in Varanasi, der Pilgerstätte für lebende und tote Hindus (letztere werden auch mal auf dem Autodach in die Stadt transportiert): Ich laufe durch die engen Gassen hinunter zum Flussufer und will meine frisch gewaschene Flugzeugdecke (ich weiß, Flugzeugdecken klaut man nicht ...) einem alten Baba schenken, der jeden Abend dort eine Zeremonie mit Gesang und Feuer abhält. Und plötzlich sitze ich mit zwei Fremden im Ruderboot, in das mich der Baba bugsiert hat und deren Fahrer er mehr oder weniger gezwungen hat, mich mitzunehmen – meiner Weigerung zum Trotz. Die sind genauso verblüfft wie ich, aber nun sind wir eben zu dritt im Boot. Ein Paar aus Hannover und ich. Die beiden Mitfünfziger besuchen seit zwei Jahrzehnten diesen heiligen Ort, immer um ihre Seele vom Ganges reinigen zu lassen. Aha, denke ich mir, Reinigung in dieser dreckigen Brühe, sehr interessant.

Wir rudern in der Abendsonne hinaus. Die Farben der Häuser, Paläste und bunten Saris leuchten kräftig. Der Mann dreht einen Joint und holt seine indischen Bronzestatuen hervor, die er aus Deutschland mitgeschleppt hat. Er taucht sie in den heiligen Fluss und springt dann selbst kopfüber hinein. In den ganzen 20 Jahren sind sie davon noch nie krank geworden, weil der Fluss heilig ist, sagt seine Freundin, die etwas zögerlicher mit ihrem Bad im Ganges ist. Aber auch ihr bleibt wohl nichts anderes übrig, und sie gleitet langsam ins Wasser. Ich bleibe lieber im Boot sitzen, halte nur vorsichtig eine Hand hinein. Das muss reichen. Ein paar Leichen habe ich schon im Ganges treiben sehen. Außerdem weiß ich, dass der Fluss, wenn er Varanasi passiert hat, so ziemlich das Gegenteil von rein ist: ein bis zwei Millionen Keime auf 100 Milliliter Wasser, nachdem der Ganges die Bade- und Verbrennungsplätze durchflossen hat. Der Grenzwert der EU und auch Indiens liegt bei 100 bis 2.000 Keimen pro 100 ml. Der Höchstwert vom hochgiftigen Schwermetall Chrom wird um das 70-fache überschritten. Außerdem fließen in den allerheiligsten, aber auch dreckigsten Fluss der Hindus etwa vier Milliarden Liter ungeklärte Abwässer am Tag.

All das hält die Hindus und meine badewütigen Hannoveraner nicht davon ab, Mutter Ganges, *Ganga Mata*, wie der Fluss genannt wird, zu verehren. Millionen Blumenschiffchen mit Kerzen schaukeln täglich auf dem Wasser. Zu Ehren der Mutter Ganges, die als einzige Hindu-Göttin sichtbar auf Erden weilt. Und als Göttin kann keine Verschmutzung ihr etwas anhaben. Was dem Katholiken die Beichte, ist dem Hindu sein Gangesbad. Ganga Mata wäscht frei von Schuld und Sünde. Am wirkungsvollsten, weil es das Ende aus dem ewigen Wiedergeburtenkreislauf verspricht, ist die Verbrennung am Fluss nach dem Ableben und das Hineinstreuen der Aschereste – Millionen Hindus träumen vom Ableben an diesem Ort. Wenn das Geld für Brennholz nicht ausreicht, um den Körper gänzlich in Asche zu verwandeln, wirft man die halbverkohlten Leichen in den Fluss.

Mir fällt Ina aus meinem Guesthouse ein, die sich von meinen Argumenten nicht abhalten ließ, mit ihrem kleinen Sohn ein segensreiches Gangesbad zu nehmen – jetzt hat sie seit Tagen starkes Kopfjucken. Das sei Mutter Ganges Wirken, meint sie, die gerade die Pigmentstörung ihrer früh ergrauten Haare heilt. Der kleine Junge bekommt blutigen Durchfall. Das komme sicher vom indischen Eis oder vom Essen, insistiert Ina, während sie sich mit beiden Händen die Kopfhaut kratzt.

Wir bleiben mit dem Boot auf dem Wasser und schauen dem alten Baba und seinen drei Helfern bei der Zeremonie zu. Zu lautem Getrommel schwenken sie Feuerkelche in den Nachthimmel und blasen Muschelhörner, deren Tönen ein Gruß an Shiva ist. Jeden Abend huldigen sie so der Flussgöttin direkt neben den Verbrennungsstätten. Diese seit Jahrhunderten nie erlöschenden Totenfeuer, das monotone und wilde Trommeln und die archaischen Rituale – ich bin plötzlich sehr ergriffen und habe Tränen in den Augen. Ich werde eins mit dem Moment, mit der Zeit davor und danach, bin Teil des Kreises, der endlos ist. Und dann bin ich fast noch selbst in den Ganges gesprungen.

Harte Fakten

Es gibt ein Regierungsprogramm zur Gangesreinigung, doch sichtbare Resultate sind ausgeblieben. Jetzt soll der giftbrühige und 2.500 Kilometer lange Fluss endgültig wieder zum sauberen Gewässer werden. Bei dieser Aufgabe vertraut die indische Regierung dem Know-how der Deutschen, die Erfolge mit der Reinigung von Rhein und Donau vorweisen können (sehen wir mal davon ab, dass im Vergleich zum Ganges der Rhein während des schlimmsten Verschmutzungsgrades noch immer reinstes Quellwasser war). In Zusammenarbeit mit der Gesellschaft für internationale Zusammenarbeit (GIZ) und dem deutschen Wissen um »Flussbettmanagement-Strategien«, durch effektives indisches (Oxymoron!) Datenmanagement und öffentliche Beteiligung soll der Ganges sauber werden. Die Vereinbarung der offiziellen Seiten wurde in Anwesenheit des deutschen Diplomaten in Indien, Dr. Martin Ney, und dem Sekretär für Flussmanagement und Ganges-Verjüngung, Shashi Shekhar, geschlossen. Gebaut wird auf deutsch-indischen Wissenstransfer.

Da stellt sich die Frage, welche Art von Wissen die indische Seite dazu beitragen will. Das indische Know-how zur Reinigung von verseuchten Gewässern ist ziemlich fragwürdig. In der IT-Metropole Bangalore sind die Seen so verschmutzt, dass entweder ein Teppich von toten Fischen oder hohe Schaumkronen die Oberflächen bedecken. Alles gelangt ungefiltert ins Wasser, auch Waschmitteltenside, die das Wasser zum Schäumen bringen. In der Regenzeit schwemmt es die Schaumberge auf die Straßen. Die bisherigen Maßnahmen der indischen Regierung: Chemikalien einsetzen und einen langen Maschendrahtzaun zur Abwehr des Schaums bauen! An dieser Stelle könnten wir Deutsche ebenfalls mit Know-how helfen, mit Zäunen kennen wir uns schließlich auch aus.

11

INDER SIND DIE BESTEN LIEFERANDOS DER WELT

Franzosen gelten als die Meister der Cuisine. Die Liebhaberei für feine kulinarische Genüsse wird über Stunden und mit vielen Gängen zelebriert. Das ist jedoch nichts im Vergleich zu den Zeiten, als Maharadschas noch auf Reisen gingen und dabei über 100 Gänge serviert wurden. Die prunkvollen Zeiten der ehrwürdigen und sehr reichen Titelträger sind lange verblasst, 1956 wurden alle Fürstentümer abgeschafft. Indien wurde danach unter Berücksichtigung der Sprachgrenzen neu strukturiert. Deshalb müssen sich die Nachfahren der Maharadschas heute mit weit weniger Gängen zufrieden geben.

Vielleicht arbeitet einer von ihnen sogar in Mumbai und lässt sich von den Dabbawallahs sein Essen liefern. Denn in Mumbai gibt es eine kleine Sensation. Dort sind 5.000 Dabbawallahs unterwegs, um täglich 200.000 Mahlzeiten auszuliefern. Dabbawallahs sind Essenslieferanten, die an ihrer weißen Kleidung und ihren Schiffchenmützen zu erkennen sind. Sie holen silberne, mehrteilige Henkelmänner, die Dabbas, vormittags bei den Hausfrauen ab. Treffpunkt ist der Bahnhof, wo sie die Essensbehälter nach Orten sortieren und sich auf den Weg machen. Mit dem Rad, zu Fuß, mit Karren oder in überfüllten Vorortzügen, in denen Menschen in Trauben aus den Türen hängen. Pünktlich zur Mittagspause steht das Essen vor der Bürotür des Mannes, welches bis dato von drei oder vier Lieferanten abschnittsweise transportiert wurde. Bis zu 70 Kilometer legt so manches Mittagessen dabei zurück.

Ein logistisches Wunder, insbesondere aufgrund der Tatsache, dass die meisten Dabbawallahs Analphabeten sind. Doch da die Essensbehälter mit Codes aus Zahlen, Buchstaben und Farben versehen sind, die die Transportwege beschreiben, funktioniert der Service. Noch wundersamer ist die Zuverlässigkeit, mit der die Lieferungen in solch einer brodelnden, überfüllten Metropole wie Mumbai erfolgen. Trotz alltäglichem Chaos, diverser Sammelstellen und Lieferantenhände erreicht das Essen mittags pünktlich auf die Minute den Empfänger – und der leere Behälter nachmittags wieder den Herd der Ehefrau.

Bereits 1998 hat das renommierte Wirtschaftsmagazin *Forbes Global Magazine* den Dabbawallahs eine Six-Sigma-Bewertung verliehen, die nur Unternehmen erhalten, die ihr Leistungsversprechen zu 99,9999999 % einhalten. Das bedeutet, dass nur einer von 16 Millionen Henkelmännern entweder verlorengeht oder falsch ausgeliefert wird. Somit dürften die in Kooperativen organisierten Dabbawallahs in Mumbai mit ihrem einzigartigen System die weltweit besten Logistiker sein.

Die Lieferung eines Henkelmanns kostet, je nach zurückgelegter Distanz, zwischen 700 und 1.100 Rupien (9,35 und 14,69 Euro) im Monat.

Aber

Zu einer folgenschweren Falschlieferung von Henkelmännern kommt es im Film *Lunchbox* von Ritesh Batra aus dem Jahr 2013.

Täglich kocht die junge Ila in Mumbai hingebungsvoll indische Köstlichkeiten für ihren Mann Rajeev. Den Dabbawallahs unterläuft eines Tages ein schwerer Fehler, denn nicht ihr Mann, sondern ein kurz vor der Rente stehender Buchhalter bekommt die Lunchbox. Sein fades Essen wird dagegen an Ehemann Rajeev geliefert, der mit Arbeit und Affäre zu viel im Kopf hat, um die Verwechslung zu bemerken. In der Lunchbox werden bald Briefchen transportiert, die sich Ila und der Buchhalter nun schreiben. Eine zarte Romanze beginnt. Eines Tages wollen sie sich treffen ...

Da die Dabbawallahs so gut wie nie falsch ausliefern, ist die Story nicht besonders realistisch. Aber ein berührender und empfehlenswerter Film ist mit *Lunchbox* allemal entstanden.

Harte Fakten

Mit der Globalisierung und dem einhergehenden, rasanten Wandel des Landes gibt es auch im kulinarischen Bereich Veränderungen.

Die Armen leben von der Hand in den Mund und essen seit jeher Linsen, Reis, Getreide, ein wenig Gemüse und kaum Fleisch. Die Mittel- und die Oberschicht wollen Teil der modernen Welt sein. Modernität in Sachen Essen bedeutet für viele: Fastfood. So hat sich Indien mit 41 Millionen

Kranken an die Spitze der Diabetesstatistiken katapultiert. Aber es ist nicht nur das Fastfood, das die Inder krank macht, auch wenn es einen großen Teil dazu beitragen dürfte. Es sind vor allem die zuckersüßen indischen Süßigkeiten, die sehr beliebt sind und reichlich konsumiert werden. Den Rest besorgt dann der neue Lifestyle. Vor allem die Mittelstandskinder leben ganz anders als ihre Eltern. Von TV, Computer und Schularbeiten wird ihr Alltag bestimmt. Von körperlicher Betätigung und Sport kann keine Rede sein.

Anders als bei uns gilt, schlank und dünn zu sein, in Indien oft als ein Zeichen von Armut. Etwas Speck auf den Rippen ist ein Indiz, dass man wohlhabend genug ist, um sich »gut« (vor allem im Sinne von: reichlich) zu ernähren. Wenn die »Substanz« allerdings von Fastfood bestritten wird, dann sieht es gesundheitlich auf Dauer schlecht aus. Sollten sich in der Mittelschicht keine ernährungsphysiologischen Erkenntnisse einstellen, wird Indien bald über 70 Millionen Diabeteskranke haben.

Paradox: Gleichzeitig sind 43 Prozent der indischen Kinder unterernährt. Der Welthungerindex wird von renommierten Forschungseinrichtungen berechnet. Erreicht ein Land in der Berechnung einen Wert über fünf, kommt es auf den Hungerindex. Im Jahr 2015 kamen 104 Länder über diesen Wert. Indien lag auf Platz 80 mit einem Index von 29 (stark verbessert im Vergleich zu 2005 mit 48,1). An letzter Stelle, auf dem 104. Platz, steht übrigens die Zentralafrikanische Republik mit 46,9. Auf dem ersten Platz überraschenderweise das reiche Emirat Kuwait mit einem Wert von fünf.

12

DER INDER WIRD BEIM FAST FOOD ZUM MAHARADSCHA

Wenn Touristen in Indien in eine McDonald's-Filiale gehen, gibt es dafür nur wenige Gründe: ein sauberes Klo, die Nase voll von indischen Speisen oder Geschmacksverirrung. Was in Europa schon »Geschmackssache« ist, ist in Indien ekelhaft. Weiche weiße Gummibrötchen mit einem Hühner- oder vegetarischen Klops und ein wenig Ketchup beschmiert. Wem das schmeckt, der kann keine Geschmacksnerven haben.

Für Inder bedeutet ein Besuch bei McDonald's & Co allerdings viel mehr als der fragwürde Genuss amerikanischen Essens. Mit einem Biss in den »Chicken Maharaja Mac« zeigt man Modernität, Weltoffenheit und dass man beim Aufschwung mitmischt. Rindfleisch (Hindus!) und Schweinefleisch (Moslems!) gibt es hier übrigens nicht.

Wie in anderen Ländern, in denen die Kette mit dem Maskottchen Ronald McDonald aktiv ist, baut der Konzern auch in Indien auf den Appetit der Autofahrer. Pro Jahr kommen 10–15 Prozent neue Autobahnfilialen dazu. Parkplätze und saubere Klos, damit will McDonald's in Indien punkten. Hier sind sie nicht die einzigen. Auch die anderen Betreiber an Autobahnen, wie Café Coffee Day, setzen auf hygienische WCs und »ansprechendes Ambiente«. Übersetzt heißt das: Glasvitrine mit überteuertem eingeschweißten Sandwiches und superteurem Kaffee, verzehrbar an kleinen Bistrotischen in deprimierender Umgebung.

Lange hatte es Widerstand gegen die US-amerikanischen Unternehmen gegeben. Erst 1991 erhielten multinationale US-Konzerne wie Pepsi & Co Zugang zum indischen Markt. Die erste Kentucky Fried Chicken (KFC)-Filiale eröffnete 1995 in Bangalore. Linke Gruppen, Globalisierungsgegner und Umweltaktivisten agitierten gegen den Hähnchengrill aus den USA, zu jener Zeit standen viele Inder dem Markteintritt der US-Konzerne skeptisch gegenüber. Die Angst vor dem Verlust der kulturellen Identität und vor einer übergreifenden Konsumorientierung ging damals um. Noch im Eröffnungsjahr zerlegten Gegner den US-Imbiss. Im selben Jahr beschloss das Gericht in Bangalore die Schließung der ersten KFC-Filiale. Zu viel Glutamat sei in den Hähnchenschenkeln. Nach einer Beschwerde vor dem Gericht des Bundesstaates durfte KFC allerdings wieder öffnen. Ein weiterer KFC eröffnete daraufhin in Delhi – auch er wurde kurzzeitig wegen Gesundheitsgefährdung geschlossen. Am Ende hat der Konsum wohl gesiegt: 20 Jahre später hat der Konzern knapp 400 Filialen im Land.

Nicht nur KFC, auch die anderen US-Fastfood-Ketten sind einigen Gruppierungen ein Dorn im Auge. Radikale Maoisten haben 2014 in Kerala mehrere KFC- und McDonald's-Filialen überfallen und verwüstet. »Agenten des US-Imperialismus« seien die Burgerbrater, denen das Handwerk gelegt werden müsse.

Auch der Coca-Cola-Konzern ist seit 1991 im Land. Kein anderes US-Produkt ist ein stärkeres Sinnbild für den »American Way of Life«. Doch der Weltkonzern hat es in Indien nicht ganz einfach. Der Hauptkritikpunkt: Täglich verbraucht jedes Coca-Cola-Abfüllwerk Millionen Liter Wasser, während in den umliegenden Dörfern das kostbare Gut knapp wird. Schon 2005 geriet der Konzern in arge Bedrängnis. Delhis Wissenschaftler hatten das dunkelbraune Getränk untersucht und festgestellt, dass 24 Mal so viele Pestizidrückstände enthalten waren, wie in der EU erlaubt. Der Konzern reagierte prompt mit großflächigen Werbekampagnen, in denen Hollywoodstars wie Shah Rukh Khan das Image aufpolieren sollten.

Coca-Cola und Pepsi kämpfen derweil um den Markt der Zukunft. Schon heute liegen die Umsätze beider Unternehmen über einer Milliarde Dollar. Aber es will keine Ruhe einkehren. In Varanasis Umgebung haben sich 18 Dörfer für die Schließung eines Coca-Cola-Werkes ausgesprochen, da der Grundwasserpegel zu stark gesunken war. Jetzt ist die Abfüllanlage geschlossen worden. Grund: Das Abwasser sei zu verschmutzt, und nach den neuen Richtlinien der indischen Regierung ist zu viel Grundwasser verbraucht worden.

Auch in Jaipur jubeln die Farmer über die Schließung eines Coca-Cola-Werkes und hoffen auf ein Ende der Wasserknappheit, die seit Betriebsbeginn der Abfüllanlage ein Problem war und genau dokumentiert wurde. Außerdem wurde eine Baugenehmigung in Tamil Nadu zurückgezogen, weil die Bevölkerung auf die Barrikaden ging. Coca Cola wird weiter kämpfen.

Übrigens

Coca Cola gilt als klassisches Getränk gegen Durchfall, die Wirksamkeit wird aber von medizinischer Seite angezweifelt. Klare Empfehlung: Lieber Wasser und Elektrolyte trinken.

Abgesehen von Cola lassen sich die Geschmacksgewohnheiten der amerikanischen Fastfood-Fans nicht 1:1 auf den indischen Markt übertragen. Deshalb reagieren die Ketten mit Eigenkreationen wie beispielsweise Pizza Hut mit seinen indisch anmutenden Gerichten »Pizza Chicken Tandoori« oder »Birizza«. Hinter Letzterem versteckt sich Gemüsereis in einer Schale, die mit Pizzabodenteig überbacken ist. Man isst also erst den Pizzateig weg, um dann den darunterliegenden Gemüsereis zu schnabulieren. Dazu gibt's einen Pott orangefarbene Sauce. Für die 105 Rupien dieser Eigenwilligkeit kann man zwei bis dreimal in einem richtigen indischen Restaurant essen. Aber da ist eben dann kein American Lifestyle drin ...

Übrigens

Essen ist ein Thema, das in Indien wahrlich unerschöpflich ist. Die indischen Restaurants, die man aus der Heimat kennt, sind ein schlechter Witz gemessen an der wunderbaren und vielfältigen Küche des Subkontinents. Jede Region, jeder Landstrich hat seine eigenen Spezialitäten mit besonderen Rezepten und Zutaten. Indien ist ein Paradies für Menschen, die gerne essen und kulinarische Besonderheiten entdecken. Lassen Sie es sich schmecken!

13

IN INDIEN IST DER REISE-ALLTAG NICHT ALLTÄGLICH

»*Coming soon*«, sagt der Angestellte des Busunternehmens wiederholt. Er sitzt in einem kleinen Raum inmitten von Regalen mit Honig- und Spirulinagläsern, scheinbar ein gut laufendes Zweitbusiness. Sie ahnen es womöglich, »*coming soon*« könnte auch heißen: Einhörner mit bunten Mähnen fliegen nur bei Vollmond. Korrekt übersetzt heißt es aber: »Ich habe keine Ahnung, lassen Sie mich einfach in Ruhe, der Bus wird schon irgendwann auftauchen.«

Als nach einer Stunde ein Bus auf der gegenüberliegenden Straße hält, renne ich hinüber, zeige dem Busfahrer mein Ticket und steige ein. Ich bin etwas erstaunt, dass ein *Sleeper Bus* ganz normale Sitze hat, aber da ich in Indien bin, wundere ich mich nicht weiter. Ich finde den nummerierten Platz am Fenster und breite mich aus. Buch, Wasser und Ohrenstöpsel liegen bereit und umständlich verstaue ich den Rucksack in der Ablage über mir. Ich bin gerade fertig, da startet der Motor und der Schaffner kommt. Er studiert ausführlich mein Ticket und stellt schließlich fest, dass ich im falschen Bus sitze. Überhastet raffe ich alles zusammen und steige wieder aus. Um ein Haar wäre ich sonst wohin gefahren.

Wieder stehe ich an der Straße und ein Melonenverkäufer wiederholt stoisch: »*Melon? Melon? Melon?*« In der Wartezeit schau ich mich um. Jungen und Männer bevölkern einen Sportplatz, der an der Straße liegt, die von extrem überfüllten Rikschas befahren wird. Ungläubig zähle ich bei einer die Aussteigenden mit: 16 Personen, Männer, Frauen und Kinder. Raum, denke ich mir, ist etwas für reiche Länder. Wo Armut herrscht, ist es eng und laut. Die 30 cm, die bei uns als Wahrung der Intimsphäre gelten, kann man sich hier abschminken. Eine blumenbehangene Politikerkarosse kreuzt im Schritttempo. Jubelnde Anhänger rennen nebenher, rufen Parolen und werfen Rosenblätter in die Luft. Die abgasgeschwängerte Abendluft kühlt leicht ab. Von irgendwoher kommt Musik, ein Bollywoodsong in extrem hoher Stimmlage. Staubig und dreckig fühlt sich die Haut an, allein durch das Herumstehen in dieser Luft. Die Rauschschwaden von verbranntem Plastik ziehen schwarz vorbei. Bunte Lichterketten flackern an den Läden und Müll, Kuhfladen und Plastik blinken in grün, blau und rot ganz *discodisco* im Lichterschein mit. Aus der auf die Hauptstraße mündenden Bazarstraße schleppen Frauen tütenweise Gemüse und Obst, Männer tragen riesige Bündel auf dem Kopf oder schieben Holzkarren durch die Menge. Ein einbeiniger Bettler streckt die Hand nach Almosen aus.

Ich entdecke ein Restaurant mit Snacks an der Kasse, die ich für die Fahrt kaufen will. Aber erst muss ich mal zur Toilette. Im ersten Stock wird das Restaurant gerade umgebaut. Die Wände sind von Betel dunkelrot, das WC ist so dreckig, dass ich mir die Sonnenbrille aufsetze und ein Tuch vor die Nase binde. Ich möchte möglichst wenig davon sehen und riechen. Wieder unten bei den Snacks wartet mein Reiseproviant. Der zahnlose Alte redet, ich verstehe nichts, zeige auf zwei frittierte Teile, die er in die Hand nimmt. Da er noch immer redet, sehe ich leider sehr genau, wie sich seine Spucke auf meinem zukünftigen Essen absetzt. Ein Küchenjunge holt den Snack und verschwindet damit eine gefühlte Ewigkeit. Irgendwann komm ein anderer und bringt mir die Teile wieder, die ich ohnehin wegen der Spuckefäden nicht essen werde. Am Stand nebenan kaufe ich Chips und indische Süßigkeiten. Fast stolpere ich in eine kleine Herde Kühe, die auf dem Boden liegt und einem Fahrrad, das hoch mit Heu beladen ist, sehnsuchtsvoll hinterher blickt.

Ein reich verzierter Tempel ragt hinter den Dächern stolz in den Himmel. Gleich daneben wachsen die Türme der Muezzin senkrecht nach oben. Ist Frieden unter den Religionen eine Illusion? Immer wieder gab es sehr harmonische Phasen im Land, in denen sich die unterschiedlichen Kulturen gegenseitig bereicherten und respektierten. Ein Mönch im orangefarbenen Gewand geht barfuß mit einem Dreizack auf der Straße entlang. Hinter ihm hält ein Bus.

Ein Bus? Mein Bus! Ich steige ein und lasse mich auf der Pritsche nieder. Die Fahrerkabine gleicht einer Lightshow mit all den blinkenden Lichterketten und Heiligenbildchen. Blumengirlanden baumeln über dem schnauzbärtigen Fahrer und eine Ganeshfigur auf dem Amaturenbrett soll dafür sorgen, uns sicher ans Ziel zu bringen.

Von einem kreischend lauten Bollywoodfilm begleitet starre ich nach draußen, während wir aus der Stadt fahren. Es ist dunkel geworden. Wie Schlafwandler oder Untote laufen Menschen mit Decken über den Schultern herum oder haben sich zum Schlafen auf die Gehwege gelegt. Barracken und

Buden wechseln sich mit Steinhäusern ab. Krumm und schief verschwinden die Umrisse irgendwann im schwarzen Nachthimmel. Und ich entschwinde in den Schlaf.

Als wir an einer Autobahntankstelle stehen, wache ich auf und lese »*Secure Quantity and Quality*«, »Qualität und Quantität sichern«. Während ich noch über Quantität im Zusammenhang mit einer Tankstelle grüble, kommen immer mehr Tankwarte in Uniformen zusammen und scharen sich um ein Auto, das einer von ihnen betankt, während die anderen munter plaudern und scherzen. Einer putzt seine Schuhe, ein anderer seine Zähne. Es sind 14 Tankwarte anwesend, von denen einer arbeitet. So ist das also mit der Quantität gemeint. Arbeitsprozesse werden in viele Schritte und Personen aufgeteilt, um damit die Abgrenzungen untereinander zu wahren. Im Restaurant nimmt einer die Bestellung auf, ein anderer bringt das Essen, wieder einer schenkt Wasser ein, der nächste kassiert – und das Trinkgeld behält der Chef.

Wir fahren weiter. Erstaunt schaue ich auf die trockene Landschaft, die vorbeizieht. Die Autobahn ist nicht das einzige, was neu ist. Hier erstreckt sich ein neuer Bauabschnitt auf einer Länge von 15 Kilometern, auf dem sich hohe Rohbauten wie Dinosaurierskelette gegenüberstehen. Hunderte sind es, einige bereits fertiggestellt und bewohnt. Es sind künstliche Trabantenstädte gigantischen Ausmaßes, die hier aus dem Nichts entstehen. Außer Hochhäusern sieht man ab und zu ein Restaurant, manchmal ein Toyota-Autohaus für die Bewohner des neuen Indiens.

Die Muslima gegenüber meiner Koje drückt sich nun schon seit Stunden eine halbe Zitrone vor die Nase und gibt schließlich auf. Hektisch entleert sie eine Plastiktüte und sich hinein. Der Busfahrer hält, ich steige aus und sehe mich plötzlich an einer Schnellstraße stehen, kein Bus, nur Taxis. Auch hier steige ich in mehrere Taxis, weil ich mich mit den Fahrern streite. Ich will keine Sightseeing-Tour. Nur schnellstmöglich auf direktem Weg ins Hotel.

Hätte ich vorher gewusst, wie mein Hotel aussieht, hätte ich nicht hingewollt.

14

In Indien ist ein Hotel selten ein Palast, aber ein Palast manchmal ein Hotel

Ich bin niemals davon ausgegangen, dass man in Indien einem glanzvollen Namen trauen kann. Doch was sich hier hinter manch vielversprechenden oder gar glamourösen Hotelnamen verbirgt, lässt sich nur mit viel Gutwilligkeit als harmloses »Bärenaufbinden« beschreiben. Pinocchios Nase ginge bis zum Mond, mindestens. Leider sind es oft unangenehme Überraschungen, die warten und sich häufig erst nachts offenbaren. Hier einige Beispiele:

Das Hotel Silver Palace hatte rein gar nichts mit einem Palast gemein, außer man vergleicht die Anzahl der Kakerlaken unter den wackeligen Sperrholzmöbeln mit denen in den Abwasserrohren eines Palastes. Als es dunkel war, krochen sie hervor und bevölkerten Bett und Boden. Dafür funktionierte der Warmwasserhahn, was mich leicht versöhnlich stimmte. Weniger erfreulich waren die Wände des Palasts: dünn wie Papier. Aus dem nachbarlichen Zimmer erklangen Hindifilme und später Hindifilme plus Schnarchen unterbrochen vom Rauschen der Spülung mit vorangegangenem Urinstrahl.

Mit fleckiger Bettwäsche, arm an Fenstern (= null), dafür reich an Moskitos wartete das Hotel Runway auf, das vielstimmiger Hotel Run_a_way heißen würde. Später wurde mir bewusst, dass sich hier Saisonarbeiter mit Prostituierten vergnügten, was die Flecken zwar erklärte, aber dafür noch mehr Ekel nach sich zog. Renne, wer kann ...

Im Mystique Moments hatte ich tatsächlich mystische Momente. Die halbe Nacht fragte ich mich, ob ein indischer Geist in meinem Badezimmer haust oder ob ein technischer Defekt die Lüftung zum Heulen bringt, sodass einem die Haare zu Berge standen.

Dann doch lieber schnell ins Hotel Goodluck eingecheckt, was sich als die schlimmste Pestbeule unter den Hotels herausstellte. Das winzige, schmucklose und leere Zimmer hatte neben dem Bett ein quadratisches Loch in DIN-A4-Größe in der Zimmerwand zur Straße hin. Und direkt unter dem Loch befand sich ein Samosastand. Es muss der Frittierkönig Indiens gewesen sein, der in ranzigem Öl die halbe Nacht Samosas frittierte, als wolle er einen Weltrekord aufstellen. Fettschwaden zogen durch das Wandloch direkt in meine Nase. Mit Speiübelkeit wechselte ich am nächsten Morgen das Hotel.

Tourist Hotel Deluxe klang gut und eine vorherige Inspektion des Zimmers wähnte mich in Sicherheit vor unliebsamen Überraschungen. Leider führte ein Stromausfall dazu, dass der Ventilator ausfiel. Die Fenster waren nicht zu öffnen und unter dem Dach stauten sich um die 50 Grad. Nahe am Hitzetod schleppte ich mich zur Rezeption und verlangte ein kühleres Zimmer. Obwohl in Indien eigentlich immer alles »*possible*« ist, hörte ich hier ein »*not possible*«. Ich war schockiert und begab mich in einen spontanen Sitzstreik an der Rezeption.

Das dadurch erzwungene »*possible*« verschaffte mir eine neue Behausung. Die drei Grad kühlere Luft im neuen Zimmer wurde allerdings schnell wettgemacht durch ein Rieseninsekt im Badezimmer. Ich schloss das Tier im Badezimmer ein. Sicher ist sicher, denn große krabbelnde Insekten lösen bei mir extremes Unbehagen aus. So quälte ich mich mit voller Blase herum, um später notgedrungen in eine Flasche zu pinkeln (um überrascht festzustellen, dass auch Frauen das schaffen, mehr oder weniger zumindest).

Ob Hotel Nice Palace (nice try, stinkt nach Deinfektionsmittel), Om Regency (Spülung rauscht die Nacht durch – ooooommmm) oder Hotel Garden View (dessen Garten durch ein weiteres Gebäude ersetzt wurde, auf das man einen prima Blick hat, weil es direkt vor die Fenster gebaut wurde): unliebsame Überraschungen gibt es oft. Wie groß ist dann die Freude über saubere, ruhige, stilvoll eingerichtete und insektenfreie Zimmer mit Ausblick oder mindestens Fenster.

Aber

Unterkünfte von megaluxuriös bis supersimpel gibt es im ganzen Land. Wenn Sie etwas Besonderes erleben wollen, mieten Sie sich in einem echten Palast ein. Nicht wenige frühere Paläste sind zu Hotels umfunktioniert worden. Hier erleben Sie ein Indien, das keine Wünsche offenlässt und zum Träumen anregt. Sie schreiten durch die kühlen Gänge feinster Palastbaukunst, als seien Sie ein Maharadscha oder eine indische Prinzessin. Spielen Sie Billard unter staubigen Tigerköpfen oder schmökern Sie in Bibliotheken aus Mahagoniholz. Bewundern Sie Wände mit Edelsteinmosaiken. Jasmin- und Rosenarrangements und Kerzen zieren die Wege ins Restaurant in bezaubernden Gärten, Wasserspiele plätschern vor sich hin und lassen die gute, alte Zeit (für Maharadschas) aufleben.

15
IN INDIEN LAUFEN DIE TIERE AMOK

Das edle und stolze Nationaltier Indiens, der Königstiger, hängt häufiger als verstaubte Trophäe in Wohnzimmern von Großwildjäger oder dient als Bettvorleger, als er noch in freier Wildbahn vorkommt. Nur etwa 2.000 frei lebende Exemplare gibt es noch, 1930 wurde der Gesamtbestand noch auf 40.000 Tiger geschätzt. Neben der Großwildjagd führte der Verlust seines Lebensraums zur Dezimierung des Bestandes. Ein Tiger benötigt etwa zehn Quadratkilometer Raum, um sich in Ruhe fortzupflanzen und ausreichend Nahrung zu finden. In den besiedelten Gebieten gibt es diesen Raum nicht mehr, und mit der Zahl der Beutetiere sinkt gleichzeitig die der Tiger.

Indien hat 39 Schutzgebiete eingerichtet, ohne die es wohl gar keine Tiger mehr gäbe. Wilderei dezimiert den Bestand weiterhin, die Beute wird meist gen Osten geliefert. Chinesen blättern ordentlich viele Scheine hin, um die als Aphrodisiakum geschätzten Penisse der Raubkatzen zu kaufen.

Problematisch ist es dort, wo Mensch und Tiger zusammenstoßen, wie an den Rändern der Schutzgebiete. Dort reißen Tiger die Nutztiere der Bauern, manchmal töten sie auch Menschen. Allerdings nur, wenn das Tier sich verteidigen muss oder keine geeignete Beute mehr erlegen kann, weil es alt oder krank ist oder sich bedroht fühlt. Menschen gehören eigentlich nicht zum Speiseplan der Raubkatzen.

Wildtiere rasten dann aus, wenn ihr Lebensraum vernichtet wird. Wilde Elefanten attackieren immer häufiger Dörfer und können mit einem Tobsuchtsanfall schnell mal hunderte Gebäude beschädigen, was auch auf die Bausubstanz schließen lässt. Tagelang wütet dann so ein Dickhäuter und demoliert dabei alles, was sich ihm in den Weg stellt. Meist geht dem voraus, dass Dorfbewohner den Elefanten mit Steinen bewerfen, um ihn zu verjagen.

Häufig berichten indische Zeitungen von Leoparden, die ganze Regionen in Angst und Schrecken versetzen. So wurden Anfang 2016 gleich 130 Schulen in Bangalore geschlossen, weil ein Leopard von einem Schuldach sprang und einen Mann auf dem Schulhof angriff. 12.000 bis 14.000 indische Leoparden leben in freier Wildbahn. Wegen des verknappenden Lebensraumes dringen sie immer öfter in Wohngebiete ein. In Guwahati hatte ein Leopard richtig Pech. Er fiel in einen Brunnen, aus dem er erst nach stundenlanger Rettungsaktion geborgen werden konnte. Der arme Tropf muss nun im Zoo sein Dasein fristen. Die Menschen hatten erst vor kurzem sein Jagdgebiet bezogen und, wie heutzutage in Indien üblich, kurzerhand eine Stadt aus dem Boden gestampft.

Praxistipp

Auffällig häufig werden Menschen in den Mangrovenwäldern des Sundarban (im Osten des Landes) angegriffen. Sollten Sie dort herumstreifen, tun Sie das bitte nur mit einer Gesichtsmaske auf dem Hinterkopf. Das hat sich als effektiv erwiesen, da Tiger hinterrücks angreifen.

16

In Indien steht das ganze Leben auf einem Palmblatt

Als ich zum ersten Mal von den geheimen Palmblattbibliotheken hörte, war ich fassungslos. Hier soll die Lebensgeschichte eines jeden, der solch eine Einrichtung betritt, vorliegen. Verfasst wurden diese Lebenschroniken angeblich von den Sehern des vedischen Zeitalters, den Rishis, etwa 5.000 Jahre v. Chr.

Sobald ein Palmblatt brüchig wird, was nach etwa 800 Jahren der Fall ist, ritzt einer der wenigen Gelehrten, die alte Schriften in Telugu, Tamil oder Sanskrit beherrschen, in winzigen Zeichen die Infos auf ein neues Palmblatt. Diejenigen, die eine solche Bibliothek betreten hatten, schienen begeistert. Und so spukte es seit Jahren in meinem Kopf umher – steht mein Leben auf einem indischen Palmblatt? Und wenn ja, wie finde ich es in einer dieser geheimen Bibliotheken?

Im Zeitalter von Internet gestaltet sich die Suche einfach, und während einer meiner Reisen beschließe ich, dem Mythos »Palmblattweissagung« auf den Grund zu gehen. Ich hatte mich vorab informiert und wusste, dass anhand des Daumenabdrucks die sogenannten Nadi-Leser aus 108 menschlichen Grundtypen, die angeblich die ganze Menschheit abdecken, und speziellen Fragetechniken das persönliche Palmblatt heraussuchen.

Gespannt betrete ich also das Haus von Mister Murthy und finde mich bald in seinem Büro wieder. Meinen Namen will er nicht wissen und auch sonst weiß er nichts über mich. Zuerst nimmt er meinen Daumenabdruck und verschwindet. Mit einem Stapel Palmblätter, die schmal zugeschnitten und in einer Holzklappe gefasst sind, kommt er zurück. Jetzt beginnt er, Fragen zu stellen: »Heißt Ihr Vater Matthew? Sind Sie Löwe oder Jungfrau?« Bei jedem »Nein« blättert er weiter.

Als wir mit dem ersten Stapel durch sind, verlässt er wieder das Büro. Unruhig werde ich, als ich ein Warnschild an der Wand lese. »Haben Sie mindestens bis zum späten Abend Geduld, soll ihr Palmblatt gefunden werden«, steht da in großen Lettern. Wenig zuversichtlich blickend kommt Mr. Murthy mit einem weiteren Stapel zurück und startet die nächste Fragestunde: »Sind Sie an einem Montag geboren? Heißt Ihre Mutter Mary? Sind Sie Skorpion?« Nein. Nein. Nein.

Plötzlich werde ich hellhörig. Er sagt etwas, was wie die Namen meiner Eltern klingt, nennt meinen Namen, mein Geburtsdatum und den Wochentag meiner Geburt. Ich bin baff. Allerdings wandelt sich mein Erstaunen in Skepsis, als ich meine Prophezeiungen höre. An allen Ecken und Enden gibt's Probleme, die sich aber allesamt in kurzer Zeit auflösen lassen. Die Probleme kommen daher – für die Info zahle ich 1.000 Rupien extra –, weil ich in meinem vorherigen Leben ein böser und reicher Singapurer war, der arme Frauen und die Belegschaft seiner (also meiner) Fabrik bis aufs Blut ausnutzte. Um alles zum Guten zu wenden, müsse ich nur ein paar Kleinigkeiten befolgen: Erstens in die städtische Kirche gehen und zu Maria beten, zweitens Waisenkindern Essen und Geld geben und drittens dem Palmblattleser zusätzliche 5.000 Rupien spendieren als auch Opfergaben wie Kleidung (Saris) und Bananen, Kokosnüsse und Räucherwaren. Mit anhaltend schlechtem Karma aus Singapur, um 2.000 Rupien erleichtert und nach dem Trick der Weissagung grübelnd verlasse ich den Hort des Hokuspokus um eine Erfahrung reicher.

Wochen später treffe ich einen Deutschen, der auch in einer Palmblattbibliothek in einem anderen Teil Indiens war. Er ist schwer begeistert, weil seine Zukunftsaussichten, die er laut herumposaunt, mehr als rosig sind. Interessant finde ich die Weissagung, dass auch er in seinem früheren Leben ein Singapurer gewesen sei. Kein Fabrikant wie ich, sondern ein Sänger, der aber ebenfalls Frauen mies behandelt hat. Auch er sollte armen verheirateten Frauen einige Bananen, Geld und Saris schenken. Sonst wäre es nichts mit der glanzvollen Zukunft. Im Gegensatz zu mir folgte er dem Rat. Dem nicht genug, denn so ein mieses Karma ist nicht einfach mit einem Obstkorb und ein paar Kleidern aus der Welt zu schaffen. An 108 Tagen muss er eine Kerze für Shiva und eine für die Mondknoten (?) anzünden und neun Monate am vierten Tag nach dem Vollmond bestimmte Mantras zitieren. Werde das befolgt, sei das schlechte Karma ausgelöscht, sozusagen die Reset-Taste gedrückt. Aber noch besser und sicherer sei es, wenn sieben Brahmanen 240 Tage lang eine Puja, also ein Segensritual, für ihn durchführen würden. Das sei umsonst, hieß es. Nur die Opfergaben kosten. Das macht dann nochmal 12.000 Rupien, bitte.

Harte Fakten

Singapurer, die im letzten Leben Frauen mies behandelt haben, inkarnieren sich scheinbar mit Vorliebe in Deutschland. Sind wir ein Volk von ehemals gemeinen Singapurern?

Die gute Nachricht: Alles wird gut und die negative Vergangenheit auf dem Lebenskonto gelöscht, wenn man nur ausreichend Obst und Saris kauft sowie Segensrituale durchführen lässt.

Die schlechte Nachricht: Ich werde wohl im nächsten Leben als Mondknoten geboren. Was auch immer das sein mag.

17

DER INDISCHE EHEMANN WIRD WIE EIN GRASHALM-GOTT VEREHRT

Indiens Frauenbewegung ist vielfältig und bunt. Ob aufsehen-erregende Landbesetzungen gegen Staudammprojekte oder Aktionen gegen prügelnde Ehemänner, indische Frauen sind schon lange politisch aktiv. Erstmals formierten sie sich unter Gandhi, als sie an Aktionen des zivilen Ungehorsams teilnahmen. Nach der Unabhängigkeit verschwanden sie von der politischen Bühne und wurden erst wieder in den 1960er-Jahren aktiv. Die Frauenbewegung wurde in den nächsten Jahrzehnten sogar so groß, dass die Politik unter Zugzwang kam. Anfang der 90er-Jahre wurden 33 Prozent der politischen Ämter auf kommunaler Ebene für Frauen reserviert.

Blickt man auf ihre Lebenswelt, so ist die indische Frau allerdings weit davon entfernt, selbstbestimmt, gleichberechtig und frei nach ihren Vorstellungen zu leben. Die indische Frau ist – ganz im Gegenteil – in einer misslichen Lage. Bereits die alten Gesetzestexte des Manusmriti sprechen eine deutliche Sprache: »Die Frau ist des Mannes Untertan und muss wegen ihrer angeborenen Schlechtigkeit dominiert und zur Not gezüchtigt werden.« Auch darauf aufbauende Unterdrückungspropaganda setzte sich über Jahrzehnte in den Köpfen fest und führt zu teils erschreckenden Ergebnissen. Einer Umfrage unter Teenagern zufolge finden es 53 Prozent der Mädchen in Ordnung, wenn der Ehemann unter bestimmten Umständen seine Frau verprügelt (57 Prozent der Jungen ebenfalls).

Es wundert also kaum, dass Gewalt gegen Frauen weit verbreitet ist. Seit der äußert brutalen Gruppenvergewaltigung 2012, bei der eine Studentin ums Leben kam, ist die Presse weltweit sensibilisiert. Plötzlich tauchen regelmäßig Artikel über Vergewaltigungen in Indien auf. Das ist gut so, sollte aber nicht zum Trugschluss führen, dass es sich um ein neues Phänomen handelt. Indische Frauen stehen in der Hierarchie seit jeher weit unten. Bestimmt zunächst der Vater, wo es langgeht (Ausbildung, Heirat), geht die Frau mit der Heirat in den »Besitz« der Familie des Mannes über. Hier lautet die Devise (gemäß eines indischen Sprichwortes): »Auch wenn dein Mann ein Stein oder ein Grashalm ist, musst du ihn verehren wie einen Gott.«

Darüber können Frauen hierzulande laut lachen, in Indien nicht. Dort ist die Untertanenrolle in der ökonomischen Struktur der Mitgiftpraxis zementiert, die das Kernstück der Dominanz über die indische Frau ist. Eine unverheiratete Tochter ist eine Schande und sie zu verheiraten, kostet Unsummen. Was im Grunde auch komplett unlogisch ist, da als Mitgift eigentlich die Zahlung eines Brautpreises an die Familie des Mädchens angemessen wäre, da diese zur Familie des Mannes ziehen und dort mitarbeiten wird.

Die logische Konsequenz dieser Situation: Unterversorgte Mädchen sterben weitaus häufiger als Jungen, fünf Millionen weibliche Föten werden jährlich abgetrieben und unzählige neugeborene Mädchen erstickt. Das Dorf Devda in Rajasthan erlangt in diesem Zusammenhang traurige Berühmtheit. Hier kommen auf 300 Jungen nur 20 Mädchen. Auf systematische Abtreibungen von weiblichen Föten setzt vor allem die Mittelklasse, was das Ungleichgewicht im Geschlechterverhältnis in den letzten Jahren weiter vorangetrieben hat. Die letzte Volkszählung 2011 offenbarte: Auf 1.000 Jungen kommen nur noch 919 Mädchen.

Gewalt gegen Frauen hat aber noch mehr Gesichter: Ehrenmorde und häusliche Gewalt, Vergewaltigungen sowie Mitgiftmorde: Um eine weitere Mitgift zu kassieren, muss die aktuelle Ehefrau verschwinden. Ehemänner oder Schwiegermütter übergießen die Ehefrauen mit Benzin und zünden sie an. So grausam die Tat, so simpel die Geschichte danach: »Küchenunfall« heißt es dann lapidar, »der Sari hat beim Kochen plötzlich Feuer gefangen«. Überleben die Frauen, hüllen sie sich in Schweigen. Zu groß ist die Scham. Flüchten sie zu ihrer eigenen Familie, schickt die sie oft genug zu ihren Peinigern zurück.

Offiziell gibt es jährlich über 8.000 Mitgiftmorde in Indien, inoffiziell wird die Zahl weitaus höher geschätzt. Selbst wenn die Überlebenden den Mordversuch anzeigen, kommen die Täter häufig ungeschoren davon. In einer Gesellschaft, in der Minister Vergewaltigungen mit »so sind Jungs nun eben« oder »was hatte sie auch so spät draußen zu suchen« abtun, wundert das nicht.

Übrigens

»*Eve teasing*« – »Eva ärgern« wird verharmlosend das an den Hintern oder an die Brust greifen fremder Frauen genannt.

Aber was ist eigentlich los mit dem indischen Mann? Ist er
ohne Mitgefühl und Moral? Wie kann er sich in dem Spannungsfeld
zwischen Abwertung der Frauen und Verehrung
weiblicher Göttinnen bewegen? Was auffällt – indische Männer
benehmen sich oft wie kleine Prinzen. Dazu werden sie
von ihren Müttern gemacht.

Jede indische Frau jubiliert, wenn ihr die Götter einen Jungen
schenken. Dieser lässt sie in der Hierarchie der neuen Familie
kometenhaft aufsteigen, auch weil er eines Tages Geldsegen
in Form von Mitgift bringen wird und als Garant für die
Altersvorsorge gilt. So wird der Junge verhätschelt, wie es einem
kleinen Kronprinzen geziemt. Der Junge wächst im Bewusstsein
auf, etwas Besseres und weit wertvoller als seine Schwestern
zu sein. Dieses patriarchale Erbe ist ein Teil des Fiaskos.

Nun gibt es seit einigen Jahren junge, moderne Frauen, die
in Call Centern oder anderen Unternehmenssparten arbeiten.
Plötzlich ändert sich der Wert der Frauen, denn sie haben ein
eigenes Einkommen. Wie fühlt sich der traditionelle indische

Mann, wenn er plötzlich junge Frauen in Jeans sieht, die womöglich gebildeter und wohlhabender sind als er? Reicht der entstehende Neid, der Hass und die unterschwelligen Versagensgefühle, um zum Vergewaltiger zu werden? Hat er überhaupt ein Unrechtsgefühl, wenn er sich nimmt, was der Überlieferung nach ohnehin schlecht und minderwertig ist?

Aber

Indische Frauen sind nicht nur arme Hascherl und bemitleidenswerte Opfer. Beeindruckende Frauen gibt es in Indien viele. Einige leiten NGOs und Frauengruppen, kämpfen gegen Missstände und für eine bessere Zukunft, andere sind in Führungspositionen großer Unternehmen oder als Ärztinnen und Politikerinnen tätig. Indira Ghandi war bereits Premierministerin, als Schweizerinnen das erste Mal an die Wahlurnen traten.

Es gibt eine tiefe Kluft zwischen dem demokratischen Verständnis Indiens einerseits und der Lebensrealität andererseits, was beide Extreme ermöglicht. So wurde die Frauenquote für politische Ämter auf kommunaler Ebene zwar eingeführt, aber paradoxerweise hat sich deshalb gesamtgesellschaftlich wenig an dem untergeordneten Frauenbild geändert. Außerdem wird diese Quotenregelung in den Kommunen oft nicht ausgeschöpft.

Wie immer gilt auch hier: In der Stadt sind die Menschen offener und starre Geschlechterrollen können sich etwas aufweichen. Auf dem Land herrschen zum Teil mittelalterliche Gedankenstrukturen und entsprechende Rollenbilder.

All die positiven Ansätze können nicht darüber hinwegtäuschen, dass es ein extremes Missverhältnis zwischen den Geschlechtern gibt. Das zeigt sich auch im sogenannten World Gender Gap Report, in dem Indien mit dem Gesamtplatz 108 im letzten Drittel liegt. Im Detail:

- Im Bereich »Ökonomische Beteiligung und Möglichkeiten für Frauen«: 139. Platz (von 145)
- Im Bereich »Gesundheit und Überleben«: 143. Platz, nur knapp vor den Schlusslichtern Armenien und China.
- »Bildungsbeteiligung«: 125. Platz (Deutschland auf dem 88. Platz!)
- In »Politischer Ermächtigung« nimmt Indien Platz 9 ein, 2 Plätze vor Deutschland! Hier hat Indien die Nase vorn – eine gesetzlich festgelegte Frauenquote von 33 Prozent gilt für Ämter der lokalen Selbstverwaltung.

Gerade auf dem Land, wo Strukturen oft mittelalterlich sind, ist die politische Teilhabe der Frauen wichtig. Hier schuftet die Frau wie ein Schwerstarbeiter. Sie zieht die Kinder auf, putzt, kocht und bedient den Mann. Dazu muss sie sich oft als Tagelöhnerin oder im Straßenbau verdingen. Bei halbem Lohn im Vergleich zu den Männern. Zarte Blüten zeigt die Arbeit der NGOs in den Dörfern, die Frauen über Mikrokredite zu einem eigenen Geschäft verhelfen.

Frauen, die ganz unten in der Hierarchie stehen, sind die schwächsten Glieder der indischen Gesellschaft. Ehemals als »Unberührbare« bezeichnet, werden die Dalit-Frauen besonders häufig Opfer von Gewalt, meist durch Mitglieder höherer Kasten.

Trotzdem gibt es Hoffnung: Die Anzeigen gegen Vergewaltiger nehmen zu, das große Schweigen scheint beendet. Mutige Individualistinnen und Frauengruppen, die Mitsprache fordern und für Neuerungen sorgen, gibt es im Land schon lange. Und sie werden immer mehr und erheben ihre Stimmen immer lauter.

18

In Indien sind die Unberührbaren ungeschützt statt unberührbar

Indien ist für mich ein faszinierendes Land, in das ich immer wieder zurückkehren muss. Es hat unserer Welt viel zu geben. Tiefe, Schönheit und Magie, die es schaffen, mich immer wieder aufs Neue zu faszinieren.

Doch es gibt leider auch dunkle Seiten. Eine davon ist das Kastensystem, das die Arier um 1.500 v. Chr. nach Indien gebracht haben. Seitdem wird die Zugehörigkeit der Menschen in vier Kasten unterteilt. Ganz oben in der Hierarchie stehen die **Brahmanen** (Priester und Gelehrte), dann folgen die **Kshatriyas** (Krieger), die **Vaishyas** (Händler) und ganz unten die **Shudras** (Arbeiter). Die vier Hauptkasten unterteilen sich wiederum in etwa 3.000 Unterkasten, die sogenannten »Jatis«, in die ein Mensch hineingeboren wird. Unter allen Kasten und damit außerhalb des Gesellschaftssystems stehen die Unberührbaren, heute **Dalits** genannt, was sich aus dem Sanskritwort »dal« herleitet, das mit »zerbrochen, zerdrückt, zerstört« übersetzt wird. Etwa ein Viertel der Inder sind Dalits, doch es gibt noch andere Gruppen, die durch das Kastensystem ausge-

grenzt und unterdrückt werden: Untere Kasten und Stammes-
angehörige. 8,2 Prozent der Inder, das sind circa 90 Millionen,
verteilen sich auf etwa 600 Stämme. Die Ureinwohner, auch
Adivasi genannt, hatten sich bei der indoarischen Einwande-
rung in die unwegsamen Bergregionen zurückgezogen. Im
Laufe der Zeit haben zahlreiche Adivasi den hinduistischen
oder christlichen Glauben angenommen und ihre Naturreli-
gionen und ihr Halbnomadendasein aufgegeben. Die Einfüh-
rung des privaten Landrechts und die Industrialisierung, so
die Errichtung riesiger Stahlwerke und Staudämme, aber auch
die staatliche Verpachtung von Wald zur Abholzung, hat zum
Verlust der Lebensgrundlage der Adivasi geführt. Die elenden
Lebensumstände haben in manchen Regionen zu deren Radikalisierung geführt. Mehr dazu im Kapitel »Indien wird den
Terror nicht los«, siehe Seite 224.

Als fatal erweist sich die Logik hinter dem Kastensystem. Feste
Bestandteile des hinduistischen Glaubens sind Wiedergeburt
und Karma. Karma heißt, dass jeder sich sein aktuelles Leben
im letzten verdient hat. Ein Unberührbarer hat durch Verfeh-
lungen im letzten Leben sein Schicksal also ebenso verdient,
wie der Brahmane mit seinem hohen Status für Verdienste im
letzten Leben belohnt wird. Diese tief verwurzelte Überzeugung lässt sich auch im modernen Indien schwer aufbrechen.
   Doch wie sind die Dalits aus dem Kastensystem ausge-
grenzt worden? Als die indoarischen Eroberer das Land einnahmen, schlossen sie die Ureinwohner von ihrem Kastensystem aus. Sie wurden zu Unberührbaren und als unrein
gebrandmarkt. Der hinduistische Glaube wurde als unheiliges
Mittel für Rassismus und Diskriminierung missbraucht. Jeg-

liche Interaktion mit einem Unberührbaren war für hochkastige Inder über Jahrhunderte undenkbar. Selbst ihr Anblick oder ihr Schatten wirkte in ihrer Überzeugung kontaminierend. Um ein zufälliges Aufeinandertreffen zu vermeiden und andere vor ihrem Auftauchen zu warnen, wurden sie gezwungen, sich mit Glöckchen bemerkbar zu machen. Außerdem durften sie nur Tätigkeiten ausführen, die für alle anderen als unrein galten. Toilettenreiniger, Gerber, Müllsammler – das waren die Berufe für Dalits.

Heute soll sich das ändern, zumindest im Staatswesen. Die Regierung hat Reservierungsquoten für Stellen im öffentlichen Dienst und Studienplätze für Dalits, einige Stammesgruppen und OBC (*Other Backward Classes,* sozial und bildungsbenachteiligte Kasten) erlassen. Aufgrund mangelnder Bildung dieser Gruppen werden die Stellen allerdings häufig mit Bewerbern aus höheren Kasten besetzt.

Es gibt bemerkenswerte Ausnahmen, so wurde 1997 mit K. R. Narayanan erstmals ein Dalit zum Staatspräsidenten gewählt. Indische Zeitungen berichten heutzutage gerne über die neuen »Dalit-Millionäre«, die Firmen besitzen und hunderte von Menschen, auch Brahmanen, beschäftigen. In diesem Kontext wirkt der Kapitalismus mit seiner Einteilung in Klassen nach Vermögen neu ordnend. In den Städten hat sich das Kastenwesen verwischt. Wie überall auf der Welt verläuft die Grenze in den urbanen Zentren Indiens zwischen arm und reich und weniger zwischen den Kasten.

Anders auf dem Land, wo das alte System noch weitgehend intakt ist. Dalits wird der Zutritt zum Tempel versagt, sie dürfen kein Wasser vom dorfeigenen Brunnen holen, sie werden diskriminiert, ausgebeutet und Opfer blinder Gewalt. Jeder Forderung nach sozialer Gerechtigkeit folgt eine blutige Antwort von Großgrundbesitzern und deren Gefolgsleuten. Mit der indischen Verfassung wurde 1949 die Gleichheit aller Bürger festgeschrieben, momentan gibt es diese nur auf dem Papier.

Harte Fakten

Im indischen Zeitalter von Biotechnologie, Software und IT wird zu leicht übersehen, dass sich lang erhaltene Denkmuster nicht von heute auf morgen ändern. Das Denken hinkt dann der Entwicklung hinterher. In einer Untersuchung kam ans Licht, dass Schulspeisungen von Kindern gemieden wurden und Eltern den Kindern selbst zubereitete Speisen mitgaben, wenn ein Dalit als Koch angestellt war. Sie hatten Angst, ihre Kinder mit dem Essen zu verunreinigen.

Harte Fakten

Die Lebensrealität der Dalits verarbeitete Rohinton Mistry in seinem Roman *Das Gleichgewicht der Welt*. Der Titel führt in die Irre, hier ist nichts im Gleichgewicht, schon gar nicht die im Buch beschriebene Gesellschaft Indiens der 1970er-Jahre. Dieses Jahrzehnt war von Zwangssterilisation, Notstandsgesetzen, der Ausweglosigkeit der Kastengesellschaft, Gewalt und Diskriminierung gezeichnet. In diesem Roman laufen die Lebensgeschichten mehrerer Personen aus unterschiedlichen Kasten bzw. den Unberührbaren zusammen. Legen Sie sich Taschentücher bereit. Harter Stoff!

19

In Indien bleibt man besser immer schön gesund

Sind Sie gerade in Delhi? Und haben zufällig Magenkrämpfe? Rennen auf die Toilette und explodieren mit 108 Dezibel auf dem sonst so stillen Örtchen? Ruhig Blut, Sie haben den berühmt-berüchtigten *Delhi Belly*. Wobei *Delhi* in die Irre führen könnte, Sie können getrost jede beliebige indische Stadt vor das *Belly* stellen, denn die Gefahr, etwas zu sich zu nehmen, das mit Bakterien verunreinigt ist, ist so groß wie in Indien einen Inder zu treffen.

Was tun? Abwarten und (Schwarz-)Tee trinken. Normalerweise geht es nach drei Tagen wieder bergauf, denn meist werden Sie sich nur einen harmlosen Magen-Darm-Virus eingefangen haben. Natürlich leiden Sie wie ein Hund in diesen drei Tagen. Sie werden selbstverständlich, wenn Sie nicht gerade auf dem Klo herumlungern, Ihr Ableben vor Augen haben. Sie werden Ihre Beerdigung mehrmals durchspielen und sich erbosen, dass Ihr Ex doch tatsächlich mit neuer Freundin an Ihrem Grab auflaufen wird! Die Wut darüber lässt Sie genesen. Sie fühlen sich neu geboren und überlegen, zum Hindu zu werden. Und ein besserer Mensch sowieso. Das vergessen

Sie aber einfach nach weiteren zwei Tagen wieder. Und alles ist beim Alten. Bis Sie, mittlerweile in Xy, den *Xy Belly* bekommen. ›Das Leben ist ein endloser Kreislauf‹, denken Sie noch, bevor Sie zur Toilette stürzen.

Mögen Sie Allah, Gott, Shiva und andere Himmelsbewohner davor bewahren, in der indischen Pampa ernsthaft krank zu werden. Ein Gesundheitssystem ist in manchen Regionen nicht einmal vorhanden, das heißt, es gibt keinen Arzt, keine Krankenstation – ein Krankenhaus schon mal gar nicht. Ein Bekannter musste mit hohem Fieber und Malaria zwei Tage mit dem Bus über holprige Straßen ins nächste Krankenhaus reisen. Er hat überlebt und wird diese Tortur niemals vergessen. Auch weil das Krankenhaus, dass er unter Qualen erreichte, eher einem Schrotthandel glich.

Generalisieren kann man den Zustand der Krankenhäuser nicht. Einige (die privaten) sind modern, andere wirken, als würde man sich beim Betreten der Gemäuer eine tödliche Krankheit holen oder vom Hausmeister (weil der Arzt gerade zu Mittag isst) eine rostige Spritze in den Po gerammt bekommen.

Krankheiten gibt es zahlreiche und Sie werden vermutlich an keiner sterben. Genauso wenig wie die Autorin, die sich krank fühlte und nach dem Studieren der typisch indischen Krankheiten absolut sicher war, sie werde in Indien ihr Leben aushauchen, weil sie an der Vogelgrippe erkrankt war. War sie natürlich nicht.

Praxistipp

Lesen Sie niemals im Internet oder in Reiseführern nach, welche tödliche Krankheit Sie sich eingefangen haben könnten. Sie haben sie nicht. Lassen Sie sich auch nicht an einem Ayurveda-Straßenstand beraten, wo Ihnen teure Heilkräuter angepriesen werden. Gehen Sie lieber zum Arzt. Waren Sie so vernünftig, eine Auslandskrankenversicherung abzuschließen, bekommen Sie die Kosten sowieso erstattet. Ansonsten gilt: kein Wasser ohne Schraubverschluss. Kein Eis. Kein Salat. Die ersten Wochen kein Essen vom *Food Stall,* bis sich ihr Magen schon etwas abgehärtet hat, danach aber bitte genießen. Es wäre schade, darauf komplett zu verzichten. Es gibt tolles Essen, allerdings ist die Preisklasse der Restaurants kein Garant, dass Hygiene großgeschrieben wird. Ich habe in vermeintlich besseren Restaurants schon auf Toiletten gesessen, die in der Küche waren.

Sie haben sich nicht verlesen – <u>in</u> der Küche.

20

INDIAN TOILETS GEGEN
WESTERN TOILETS – 0 : 0

So mancher Ehemann schätzt den Rückzug auf das stille
Örtchen, liest dort gemütlich die Zeitung oder löst Rätsel.
Ist der Ehemann in Indien, wird er die Toilette zum Teufel
wünschen, weil er weitaus mehr Zeit als gewünscht auf dem
Lokus zubringen wird. Das Rätsel, das er dort lösen kann, lautet – was hat mir denn nun wieder den Magen verdorben? Das
dachte sich auch eine gute Freundin, die mit einer grauenhaf-
ten Magenkolik kraftlos über Stunden über dem Klo hing
und zusah, wie Ameisen eine riesige Kakerlake zerteilten und
wegschleppten. Für sie war es ein wahrhaftiges Sinnbild ihres
elenden Krankseins in Indien. In dieser Episode widmen wir
uns aber nicht erneut spannenden Magen-Darm-Geschich-
ten, sondern wenden uns dem Ort zu, den auch der Kaiser
alleine aufsucht.

Was lässt sich über die Toilettensituation in Indien heraus-
finden? In Hotels sind die Toiletten meist okay und werden
in *western* und *indian style* unterschieden. Erstere kennen Sie,
das sind die Porzellanschüsseln. Letztere bestehen aus Lö-
chern im Boden, nachgespült wird meist von Hand mit einem
Wasserbehältnis.

Achtung

Klopapier gibt es nur in besseren Hotels und ist ansonsten unüblich. Zum Abwischen wird die linke Hand benutzt, die keinesfalls zum Grüßen oder womöglich zum Essen benutzt wird. Sie gilt – das dürfte jetzt logisch erscheinen – als unrein.

Achtung

Obacht auf Zugtoiletten! Nicht dass es Ihnen ergeht wie der 65-jährigen Frau Shaikh, die im fahrenden Zug ausrutschte und ihr Bein im Toilettenloch verhakte. Die Tür wurde aufgebrochen, und obwohl der Schaffner, ein Zugbegleiter, der Ehemann und einige Passagiere ihr Bestes taten, um den Fuß zu befreien, blieb sie stecken. Am nächsten Bahnhof kamen Ärzte, Zugmanager und weiteres Zugpersonal dazu, um die Frau aus dem Klo herauszuziehen. Doch sie steckte wie einzementiert fest. Schließlich wurde das Abteil geräumt und der gesamte Wagon entkoppelt, um die Frau gegen Mitternacht und achteinhalb Stunden später mit Gasbrennern aus dem Klo herauszuschneiden.

Öffentliche Toiletten sind überall auf der Welt gewöhnungsbedürftig. Auch in Indien gibt es positive Überraschungen, aber eben auch sehr negative. Eine schwache Blase ist in Indien die Hölle. Während der Mann sich ungeniert ins Freie entlädt, hat die Frau es schwer. Nicht nur Touristinnen, vor allem indische Frauen auf dem Land haben ihre Not mit der

Notdurft. Weil es auf dem Land kaum Toiletten gibt, müssen die Frauen vor Anbruch des Tages oder nach Einbruch der Dunkelheit auf den Acker, um ihr Geschäft zu verrichten. Da lauern oft gefährliche Tiere, Skorpione, Schlangen und Vergewaltiger. Die indischen Männer sind dagegen ohne Scham. Sie hocken an Straßenrändern, am Strand oder entleeren sich an Mauern und in Gräben. Auch Kinder pressen ihre Haufen in der Öffentlichkeit aus dem Darm.

Weltweit eine Milliarde Menschen haben keinen Zugang zu einer Toilette – 600 Millionen davon leben in Indien. Hier kommen unglaubliche Mengen von Bakterien und Viren zusammen, die in Felder und Flüsse gelangen und dann über den Boden und das Trinkwasser wieder den Menschen erreichen. Die Folgen sind übel. Typhus, Cholera und Hepatitis können sich so übertragen. Jährlich sterben etwa 600.000 Inder an Durchfallerkrankungen.

Premierminister Modi will das ändern. Bis 2019 soll jeder Inder auf ein Klo können. Dem steht so einiges im Wege. Im Hinduismus gelten nicht nur der Kot, sondern auch die Klos selbst als unrein. Deshalb verrichten die Arbeit des Saubermachens die außerhalb des Kastensystems stehenden Dalits, früher auch Unberührbare genannt. Außerdem will kaum jemand so etwas Unreines wie eine Toilette im Haus haben. Für viele Inder ist es unvorstellbar, mit den Exkrementen in einem Raum zu hocken. Da geht man lieber hinaus auf das offene Feld.

Es ist nicht die erste Toilettenkampagne Indiens, die momentan läuft. Schon frühere Regierungen haben Millionen Toiletten bauen lassen. Schaut der neugierige Tourist in die Häuschen, entdeckt er, dass die Bauten vor allem als Lagerraum oder Ziegenstall genutzt werden.

Harte Fakten (ganz weich)

Durchfall und Magendarminfekte sind in Indien eine besonders unangenehme Sache. Es kann zu gleichzeitigen Ergüssen aus oberen und unteren Körperöffnungen kommen. Haben Sie Pech, ist nur eine Toilette in der Nähe, die Sie auch gesund an den Rand des Nervenzusammenbruchs gebracht hätte.

Durchhalten! Es kommen wieder bessere Zeiten. Danach reinigt Kokosnusswasser den Magen und weißer Reis hilft magenschonend zu neuer Kraft.

Der Welttoilettentag wird übrigens am 19. November begangen. Zünden Sie eine Kerze an und freuen sich über den Luxus Ihres Wasserklosetts. Noch im Mittelalter musste man auch hierzulande beim Flanieren aufpassen wie ein Luchs. Nachttöpfe entleerte man damals ganz praktisch kurzerhand aus dem Fenster.

21

In Indien gehen überlebensgroße Snickers auf Jagd

Sie haben Angst, nach Indien zu reisen? Wegen der mangelnden Hygiene, der Krankheiten, dem grausamen Antlitz der Armut? Ich sage Ihnen, die Gefahr kommt aus einer ganz anderen Richtung, nämlich aus der Süßwarenecke. Zumindest, wenn Sie zu viele halluzinogene Substanzen konsumieren.

Im Hotel herrscht Aufregung. Der nette, junge Mann aus Schweden ist verschwunden. Der Hotelier und wir, die Gäste, sorgen uns. Drei Tage später taucht er wieder auf. Er steht vor Dreck und seine Haare sind so verworren wie sein Verstand. Ein riesengroßes Snickers habe ihn zwei Tage verfolgt und wollte ihn auffressen. Er habe es dann aber ausgetrickst und in einen Tempel gelockt. Dort kamen unzählige Spinnen aus den Ecken hervor und aßen es auf.

Alles klar, denken Sie, total durchgeknallt. Ziemlich, sage ich, aber das Sammelsurium an drogengeschuldeter Durchgeknalltheit ist so bunt wie die Welt auf LSD. Da sind Männer, die mit Gottesanbeterinnen verschmelzen und sich Weisheiten ins Ohr flüstern lassen (also nicht von wunderschönen

Tempeltänzerinnen, sondern von den Insekten). Vielleicht hören Sie statt Insektengeplauder den guten Rat: »Nimm dir einen Stein mit, wenn du nachts nach Hause gehst. Gerade hält sich einer für einen weißen Tiger. Der hat eine Frau auf dem Weg in ihr Guesthouse angefallen und wollte sie fressen. Zuviel Stechapfel ...«

Beliebt bei Psychosen ist der religiöse Trip. »Ich bin Gott, Jesus, Buddha oder der erleuchtete Wagenlenker Buddhas.« Und weil die göttliche Entität grenzenlos ist, wandert der Pass ins Feuer oder in den Ganges. Das macht die Identifikation später sehr schwierig. Touristen verschwinden durchaus regelmäßig. Manche werden wiedergefunden, tot oder lebendig, andere bleiben verschollen.

Indien ist auch ohne Drogen verrückt genug, weil es chaotisch und bunt ist und alles auf den Kopf stellt. Unter Drogen brennen dann wohl noch leichter die Sicherungen durch. Das weiß auch die israelische Regierung, denn von den etwa 30.000 israelischen Touristen pro Jahr fallen etwa 2.000 ins Bodenlose. Nach dem Militärdienst wollen die jungen Israelis erst mal nur eines – die harte Zeit bei der Armee vergessen, die Anspannung, die Angst und den Drill. Da helfen Joints oder andere Substanzen. Pilze und LSD, Speed, Ketamin oder Kokain, Opium, Gras, Haschisch oder Heroin. Und natürlich Alkohol.

Doch meist wird nur geraucht (keine Zigaretten). So sitzt man in den Guesthouses zusammen und raucht und raucht und raucht. Nach vielen »Morgen reise ich nach ...« wird irgendwann die Kifferlethargie überwunden und der nächste Ort angesteuert, um etwas Neues zu sehen, ein neues Guesthouse. Die Ex-Soldaten, Männer wie Frauen, steuern die ewig gleichen Orte an (Gokarna, Hampi, Manali), eben die, wo gerne geraucht wird und eine touristische Infrastruktur das »Traveller«-Leben versüßt.

Mittlerweile hat die israelische Regierung das Drogenproblem ihrer (Ex-)Soldaten auf Indienurlaub erkannt und schickt Psychologen. Diese sollen vor Ort verhindern, dass die jungen Israelis abstürzen. Den Einheimischen bleibt es unverständlich, warum sich Menschen aus reichen Ländern in Lumpen hüllen und nur herumhängen. Noch dazu, weil der Besitz von Haschisch in Indien strafbar ist und als eine Art »religiöse Notwendigkeit« nur den Sadhus gestattet wird.

Einer ganz anderen weltweit beliebten Volksdroge spricht eine Nation zu, die seit einigen Jahren den Erdball heuschreckengleich zum Urlauben heimsucht. Sie ahnen es: der Russe. Auch er sucht mit Vorliebe nur bestimmte Orte auf (Goa, Nord bis Süd). Rauchen ist nicht so sein Ding. Er trinkt lieber, also säuft. In den letzten Jahren sind die Alkoholshops in Goa wie Pilze aus dem Boden gepoppt. Das verheißt russisches Remmidemmi bis zum Abwinken.

Und wo sich der Russe sich entspannt, spielen sich unglaubliche Szenen ab: Dicke alte Paare im Schnapsrausch haben mittags Sex am Strand, Russinnen räkeln ihre blanken Brüste jedem Mann entgegen, während die krebsroten Ehemänner schon morgens lautstark Bier ordern. Einkaufen geht die russische Frau entweder in ihrer Kittelschürze (alte Frau) oder halb nackt (alte Frau und junge Frau). Englisch, vermutlich noch als Sprache des imperialistischen Feindes verpönt, wird stoisch verweigert. Und wenn der dumme Inder kein Russisch verstehen will, dann spricht man einfach lauter oder schreit ihn gleich an, so die Kommunikationsstrategie.

Auch wenn immer mehr indische Verkäufer Russisch lernen (der Rubel muss ja rollen), sind der polternde, stark alkoholisierte Russe und der eher sensible Inder ein Kulturclash sondergleichen. Da mag mancher Inder sich sogar nach alten Tagen und den vergleichsweise ruhigen Hippies auf Selbsterfahrungs- und Drogentrip zurücksehnen.

Eine letzte Geschichte aus der Welt der Drogen.

Ort: ein Dorf nahe Hampi.

Hauptdarstellerin: eine junge Amerikanerin.

Diese nimmt Samen einer Pflanze zu sich, um hoch zu fliegen – und fällt tief. Zunächst wird sie gesehen, wie sie in Unterwäsche durch das Dorf rennt. Bis zum kilometerweit entfernten Hanumantempel. Von dort rast sie wieder zurück, mittlerweile ganz nackt, legt sich mitten im Dorf auf den Boden, wirft den Kopf hin und her und schreit ihren Todeswunsch laut heraus: »I wanna die, I wanna die, I wanna die.« Eine Herde Kühe auf der einen, Männer des Dorfes auf der anderen Seite, alle kurz davor durchzudrehen. Einer hat Mitleid und wirft eine Decke über sie. Dass die Geschichte gut ausgeht, hat sie ihrem Vermieter zu verdanken, der es schafft, sie wegzuzerren. Am nächsten Tag erhält sie den Rat, sich ganz dringend und schnell aus dem Staub zu machen, sonst könne für nichts garantiert werden.

So viel zu den fremden Besuchern des Landes und ihren Drogeneskapaden. Sie fragen jetzt, wie es denn bei den Indern selbst mit Drogen und Alkohol aussieht? Das will ich es Ihnen beantworten. Im nächsten Kapitel ...

Praxistipp (eine wahre Geschichte)

Schlucken Sie (weil Sie nichts wegwerfen können und es normalerweise nicht konsumieren) kein Haschisch, direkt bevor sie nach Hause fliegen. Sie könnten sonst die fixe Idee haben, dass das Flugzeug entführt wird, weil Angela Merkel die indische Regierung kritisiert hat (z. B. Atomprogramm), was militante Inder rächen werden. Und weil Sie mit der Lufthansa fliegen, also mit einer deutschen Airline, ist die Sache klar, dass Ihre Maschine entführt wird. Sie kapieren nicht, warum Ihre Nebensitzerin diese glasklare Sachlage nicht begreifen möchte und Ihre wirren Vorhersagen mit rollenden Augen quittiert. Weitere Panik verursacht die Stewardess, die Essenswünsche aufnimmt. Sie wollen sie nicht anschauen, wegen Ihrer roten Augen (was mehrmaliges Nachfragen seitens der Stewardess zur Folge hat – noch mehr Panik!) – und außerdem haben Sie Angst vor ihr und vor dem Essen. Sie müssen dringend aufs Klo und können auf gar keinen Fall jetzt durch das ganze Flugzeug marschieren. Alles viel zu auffällig. Wenn dann tatsächlich Soldaten bei der Zwischenlandung in Delhi mit Gewehr im Anschlag durch die Maschine patrouillieren, könnte es Ihnen den Rest geben.

22

DER INDER KOTZT
GERNE DIE WAND AN

»Der Teufel hat den Schnaps gemacht, um uns zu verderben, ich hör' schon, wie der Teufel lacht, wenn wir am Schnaps einmal ste-he-herben.«

Mit Udo Jürgens wäre Mahatma Gandhi sich einig gewesen. Denn lange vor Udo sagte Gandhi: »Wenn ich nur eine Stunde Diktator Indiens wäre, würde ich sie nutzen, um alle Alkoholläden für alle Zeit zu schließen. Denn Alkohol ist eine Erfindung des Teufels, und ein Volk, das trinkt, ruiniert sich selbst.«

Gesellschaftlich akzeptiert ist das Trinken in der breiten Masse nicht, und doch gibt es ein Alkoholproblem.

Praxistipp (eines Taxifahrers in Goa)
Obacht auf den Straßen zwischen 18 und 20 Uhr. Zu dieser Zeit sind alkoholisierte Männer unterwegs, die sich zwischen Arbeitsende und Essenzeit ordentlich die Kante geben. Um 20 Uhr geht's dann nach Hause, wo schon dampfende Schüsseln auf dem Tisch stehen. Der Taxifahrer muss es wissen – er betreibt als Zweitgewerbe einen Schnapsladen!

Die Oberschicht gibt sich gerne fortschrittlich amerikanisch und hebt Whiskeys von Jack Daniels. Doch der Alkoholkonsum zieht sich durch alle Schichten.

Das freut Spirituosenkonzerne, die wegen der allgemein steigenden Einkommen goldene Zeiten nahen sehen. Dabei wird ignoriert, dass ein alkoholfreier Staat in der indischen Verfassung von 1947 als Ziel angelegt ist. Im Artikel 47 heißt es, der Staat solle alles versuchen, um gesundheitsschädliche, berauschende Getränke und Drogen zu verbieten. In manchen Bundesstaaten ist Alkohol bereits verboten (was nicht heißt, dass er nicht heimlich organisiert und in Zeitungspapier eingewickelt geliefert wird wie andernorts heiße Ware).

In Kerala betrug die jährliche Trinkmenge reinen Alkohols pro Kopf zuletzt 8,3 Liter und war damit doppelt so hoch wie der indienweite Durchschnitt. (Zum Vergleich: In Deutschland kippt sich pro Jahr jeder durchschnittlich knapp 10 Liter reinen Alkohol hinter die Binde.) Die Regierung in Kerala hat mittlerweile allerdings in einem 10-Jahres-Plan beschlossen, die Alkoholshops und Bars allmählich zu schließen, was mit dem Gesundheitsschutz der Bevölkerung begründet wird.

Inder, die regelmäßig und viel trinken, sind leicht zu erkennen. Die Augen sind rot, der Blick abwesend. Inder vertragen nicht viel und übermäßiger Alkoholkonsum führt zu großen Problemen. Die Rupien der Haushaltskasse, ohnehin oft klamm, werden in Schnaps umgesetzt. Frau und Kinder leiden, auch weil es häufiger zu unkontrollierten Gewaltausbrüchen kommt. Immer wieder werden Aktionen bekannt, in denen Dorffrauen ihre Familien aus der Alkoholspirale retten wollen. Sie brechen in Alkoholshops ein und verschütten sämtliche Vorräte. Durchaus mit Erfolg – Schnapshändler meiden bereits einige Orte wie der Teufel das Weihwasser.

Aber

Auch indische Elefanten vertragen Alkohol nicht besonders gut. Angelockt vom verführerischen Duft eines Fruchtlikörs kamen rund 50 Elefanten aus dem Dschungel in ein Dorf im Osten Indiens. Zuerst plünderten sie alle Schnapsvorräte des Ladens, um dann, wohl auf der Suche nach mehr, Häuser und Felder zu beschädigen. Dorfbewohner und Forstarbeiter hatten ihre liebe Mühe, die torkelnden Dickhäuter über einen Fluss und zurück in den Dschungel zu geleiten.

Erinnern Sie sich an den Film *Die lustige Welt der Tiere* aus den 70ern, in dem allerlei Getier berauscht von vergorenen Früchten eines Baumes in der afrikanischen Steppe umhertaumelte? Auch einige Elefanten sind bei der illustren Schar dabei. Wissenschaftler widersprachen, dass die Elefanten nicht berauscht gewesen seien, sondern Nervengift von Käferlarven in der Baumrinde zu sich genommen hätten. Konsumieren die Elefanten die Rinde, würden sie wie betrunken.

Die Episode aus Indien zeigt aber – zumindest der indische Elefant trinkt gerne mal einen über den Durst.

Haschisch und Ganja (Marihuana) sind eigentlich illegal, es sei denn, die orangene Mönchsrobe gehört zum Outfit. Dann darf gekifft werden, ohne dass sich Staatsmacht oder sonst wer daran stört. Allerdings gibt es eine Ausnahme – Bhang! Aus der Hanfpflanze hergestellt, meist als Lassi getrunken, wird es vor allem an besonderen Feiertagen konsumiert. Dann feiern Jung und Alt in trauter Breitheit den Frühlingsanfang oder Shivaratri, den Tag Shivas. In einigen Bundesstaaten – wie Uttar Pradesh – verkaufen staatliche Läden Bhang Lassi, das Getränk aus Joghurt, Gewürzen, Honig und Hanfblättern. Wer allerdings mit Gras oder Haschisch erwischt wird, der muss mit recht empfindlichen Strafen rechnen oder reichlich Geld in Polizistenhände wandern lassen.

Über Drogenabhängigkeit wird in Indien der Mantel des Schweigens gehüllt. Speziell im Punjab, in dem Heroin und Opium aus Afghanistan über das angrenzende Pakistan geschwemmt wird, gibt es ein Problem mit Abhängigen harter Drogen. Früher kaute oder rauchte man Opium, heute ist der intravenöse Turn mit verschreibungspflichtigen Medikamenten oder synthetischen Drogen verbreiteter.

Exzessiver Drogenkonsum birgt immer auch andere Probleme. HIV und Hepatitis sind weit verbreitet im Drogenmilieu. Die Regierung ignoriert das Problem der Süchtigen und lässt sie und ihre Familien allein. Drogensucht wird als familiäres und nicht als gesellschaftliches Problem gesehen. Dabei haben selbst Parteien schmutzige Westen. Die Wahlkommission Indiens stellte vor der letzten Wahl neben mutmaßlichen Bestechungsgeldern von 2,8 Milliarden Euro auch 13 Millionen Liter Alkohol und 105 Kilogramm Heroin sicher. Die Bestechung erfolgt meist über Strohmänner.

Zum Speien, oder? Apropos! Paan ist ein leichtes und traditionelles Rauschmittel, das in ganz Indien beliebt ist. Bereits

504 v. Chr. wird es in Schriften als Geschenk einer Prinzessin Sri Lankas an ihren Geliebten erwähnt. Um 1000 n. Chr. berichteten reisende Forscher und Ärzte, dass Betelkauen in Indien allgemein üblich ist. Das Betelblatt wird mit Kalkpaste und süßen oder scharfen Zutaten, je nach Geschmack, zu einem kleinen Päckchen gefaltet und gekaut. Dadurch werden die Zähne rot und die Spucke orange. Daher kommen die fleckigen orangenen Wände – achten Sie mal bei Ihrer nächsten Indienreise darauf.

Harte Fakten

Indien liegt für den Heroinhandel geografisch gut, nämlich zwischen dem goldenen Halbmond (Afghanistan, Iran, Pakistan) und dem goldenen Dreieck (Myanmar, Laos, Thailand). Vor allem in Containerschiffen ist der Schmuggel beliebt, da Indien einen regen Seehandel mit Europa pflegt. Korrupte Politiker, Beamte und Polizisten verdienen am Rauschgifthandel mit. In Europa ist dann der Zoll gefragt, die Drogen aufzuspüren.

Zwei sehr kreative, aber aufgestöberte Schmuggelverstecke:

- 45 Kilogramm Heroin in Teppichfäden eingewebt,
- 8 Kilogramm Kokain in flüssiger Form auf die Jeans gesprüht.

23

DER INDISCHE AMTSSCHIMMEL SCHLÄFT SELIG

Im Buch *Wirtschaftsmacht Indien – Chance und Herausforderung für uns* von Oliver Müller berichtet Karsten König von Arvato, einem Outsourcing-Dienstleister, vom eifrigen Arbeitswillen der Inder. Auch weiß er, dass Inder ohne zu murren 12 bis 14 Stunden arbeiten. Arbeitsam und flexibel seien sie und ihr Erfolgshunger sporne sie an, führt Siemens Indienchef Jürgen Schubert im Buch weiter an.

Ganz anderes erzählt mein guter Freund Christoff, der weltweit und so auch in Indien Kunstausstellungen aufbaut. »Unzuverlässig und unselbstständig sind sie. Für jeden Handschlag muss man sie anleiten und ein ›Kiste bitte auspacken‹ reicht nicht, bei jedem einzelnen Gegenstand muss der Auftrag wiederholt werden. Pünktlichkeit ist ohnehin unbekannt. Fünf Minuten zu spät? Einen Tag später laufen sie dann auf«, erzürnt sich Christoff. Für ihn stehen die Inder an der Weltspitze der Unzuverlässigkeit und am Ende der Liste der Landsleute, mit denen er arbeiten will. Was stimmt nun?

Beides, denn es lassen sich schlecht Äpfel mit Birnen vergleichen. Ich würde es ganz grob verallgemeinert so ausdrücken: Wo aufstrebende und gut ausgebildete Inder arbeiten, ist der Leistungswille da und es wird nach westlichen Maßstäben gearbeitet. Es gibt sie durchaus, Heerscharen von Angestellten, die ihre Pflicht übereifrig erfüllen. Landarbeiter und Bauern müssen ohnehin hart ran, sonst bleibt der Teller leer. Industrie- und Mienenarbeiter rackern sich ebenso ab.

Doch oft ist eine gewisse Entspanntheit zu beobachten, um es freundlich auszudrücken. Man findet sich am Arbeitsplatz ein und macht nichts, bis der Chef kommt, der einem sagt, was zu tun ist. Geht der Chef wieder, wird die Arbeit wieder beiseitegelegt. Hier bestimmt noch der Boss, welches Klopapier gekauft wird, und Hierarchien sind noch steil wie eine Himalayaschlucht.

Ich persönlich habe oft eine gewisse Verpeiltheit im Land beobachtet, an der – ganz meine Theorie – die Hitze schuld ist. Ich will Ihnen eine Beobachtung von vielen schildern, die das belegen mag: Ein Angestellter erhält vom Chef den Auftrag, die Marmeladenglaspyramide, die sich vor dem Shop auf der staubigen Straße türmt, einzupacken. Jedes Glas wird einzeln in die Hand genommen, ganz ruhig angeschaut und in Zeitlupe in eine Kiste gelegt. Ohne Methode, kreuz und quer übereinander. Obwohl schon nach dem vierten Glas deutlich sichtbar ist, dass so die anderen 40 keinen Platz haben, macht der Mann zu meiner Fassungslosigkeit tatsächlich weiter, bis die Kiste bereits mit fünfzehn Gläsern randvoll ist.

Er starrt daraufhin die volle Chaos-Kiste an, Planlosigkeit und Fragezeichen im Blick. Er grübelt, Rauch scheint ihm aus dem Kopf zu steigen. Die Gläser müssen wohl wieder aus der Kiste heraus. Eines nach dem anderen wird wieder in die Hand genommen, angeschaut und auf die Straße gestellt. Bis hierhin dauerte die Aktion bereits geschlagene 10 Minuten –

leider musste ich dann weiter und weiß bis heute nicht, ob die Gläser letztlich vollständig im Karton gelandet sind oder er sie einzeln in den Laden getragen hat.

Aber

Natürlich gibt es Arbeitsbereiche und Firmen, die straff organisiert und hocheffizient sind. Nach Indien haben viele Länder ihre Dienstleistungen ausgelagert. Mittlerweile übernehmen indische Firmen immer komplexere Aufgaben. Für amerikanische Versicherungen üben Inder unterschiedliche Akzente ein, um so im Beratungsgespräch den vertrauensseligen Eindruck zu erwecken, den ein amerikanischer Versicherungsagent eben erwecken will. Sie analysieren Märkte und Aktienbewegungen für Banken und Röntgenaufnahmen für Ärzte in London oder Boston. Westliche Konzerne nutzen Indien als Forschungsstandort. Ob IT, Pharma oder Maschinenbau, die günstigen und gut ausgebildeten Inder tüfteln in unterschiedlichen Bereichen.

Deutschland spielt im indischen Markt eine wichtige Rolle. 24,1 Milliarden Dollar investierten deutsche Unternehmen zwischen 2007 und 2012 ins Land, vor allem im Maschinen- und Anlagenbau, der Pharma- und Automobilindustrie. Durch das Doppelbesteuerungsabkommen von 1996, nach dem nur noch im dem Land Steuern gezahlt werden, wo das Einkommen erwirtschaftet wird, stiegen die Investitionssummen auf beiden Seiten. Abschreckend für den indischen Markteintritt wirken auf deutsche Unternehmer Korruption, unzuverlässige Stromversorgung und eine mangelhafte

Infrastruktur. Trotzdem ist die Deutsch-indische Handels-
kammer zuversichtlich, was den Ausbau der bilateralen
Wirtschaftsbeziehungen betrifft. Als *der* Wachstumsmarkt
der Zukunft wird Indien eine wichtige Rolle als Handelspart-
ner und als Unternehmensstandort spielen.

Arbeit im Staatsdienst ist sehr beliebt, denn auch indische
Beamte sind nur in Ausnahmefällen kündbar, selbst wenn
das indische Volk seine Beamten als faul und unzuverlässig
schimpft. Auch bei uns haben Beamte den Ruf, nicht gerade
Arbeitsbienen zu sein, wovon Witze wie dieser zeugen:

Zwei Beamte unterhalten sich.

Sagt der erste: »Guck mal, der Neue ist gerade am Schreib-
tisch eingeschlafen.«

Darauf der andere: »Der hat sich aber schnell eingearbeitet!«

Noch einer?

»Ein Beamter geht 1990 zum Arzt und lässt sich krank-
schreiben. Er tauchte nie mehr auf, wird aber erst 25 Jahre
später entlassen.«

Reingelegt, das ist kein Witz. Ohne Witz. Ist in Delhi so
passiert. Der Beamte verlängerte fortwährend seine Beurlau-
bung und ignorierte Aufforderungen, zur Arbeit zu erscheinen. Bereits 1992 war der Beamte des vorsätzlichen Fehlens
schuldig gesprochen worden, doch es dauerte noch zwei Jahrzehnte, bis er entlassen wurde. Das zeigt, wie langsam indische
Mühlen mahlen. Damit solch ein Schlendrian keine Zukunft
mehr hat, gibt es seit kurzem mittels Fingerabdruckscanner

eine exakte Erfassung, wann welcher Beamte im Büro ist. 181.581 Beamte sind Teil der elektronischen Überwachung, die bei den Betroffenen verständlicherweise nur mäßig gut ankommt. Vorbei die schönen Zeiten, in denen der Kollege netterweise die Anwesenheitsliste unterzeichnet hat.

Auf www.attendance.gov.in lässt sich die Anwesenheit für den Bürger nachvollziehen. Als ich es teste, ist ein Wochentag und nach indischer Zeit 15 Uhr. Weniger als die Hälfte der Beamten sind bei der Arbeit, laut Übersichtsgrafik.

Es lässt sich auch verfolgen, wann die Amtsstuben betreten wurden. Nicht sooo schlecht – heute sind nur 5,2 Prozent nach 11 Uhr zur Arbeit erschienen.

Wenn Witze wahr werden: »Wie viele Beamte arbeiten denn hier?«, wird der Bürgermeister gefragt. Der überlegt kurz und antwortet dann: »Knapp die Hälfte ...«

Seltsam ist eine Anweisung der Landesregierung im nördlichen Bundesstaat Haryana. Hier soll in einer Inventur erfasst werden, wie viele Plattenspieler und Schmuckstücke die Beamten besitzen und ob sie mit dem Pferd zur Arbeit kommen. Mir ist bislang noch kein Pferd vor einem Amt begegnet, allerdings war ich auch noch nicht in Haryana. Dort warten vielleicht ganze Herden vor den Behörden auf ihre amtsmüden Reiter.

Übrigens

Indien hat den schwersten Aufnahmetest für den gehobenen Verwaltungsdienst weltweit und die wohl meisten Bewerber. Jedes Jahr melden sich eine halbe Million Inder an, die sich teilweise jahrelang vorbereitet haben für die

1.000 freien Stellen, die jedes Jahr besetzt werden. Ein paar Beispiele gefällig? Bitte sehr ...

1. Welche der folgenden Aussagen trifft in Bezug auf die Anwendung von Nanotechnologie im Gesundheitsbereich zu?

1. Nanotechnologie macht die sogenannte *targeted drug delivery,* den zielgerichteten und selektiven Einsatz eines Arzneistoffs am gewünschten Wirkungsort im Körper, möglich.
2. Nanotechnologie kann einen großen Beitrag zur Gentherapie leisten.

Antwortmöglichkeiten:

A) nur Aussage 1
B) nur Aussage 2
C) beide Aussagen
D) weder 1 noch 2

2. In den Nachrichten ist oft von Basel III die Rede. Das Abkommen soll ...

A) ... nationale Strategien zum Erhalt und zur nachhaltigen Nutzung der Biodiversität entwickeln.
B) ... die Fähigkeiten der Banken verbessern, mit finanziellem und wirtschaftlichem Stress umzugehen, und ihr Risikomanagement optimieren.

C) ... die Emission von Treibhausgasen verringern, wobei vor allem die Industriestaaten die Lasten tragen sollen.

D) ... den Wissenstransfer von hoch entwickelten zu weniger entwickelten Ländern fördern, sodass diese in Kühlanlagen Fluorchlorkohlenwasserstoffe (FCKW) durch weniger schädliche Chemikalien ersetzen können.

3. Weder im Südatlantik noch in den tropischen Regionen des Südostpazifiks treten Zyklone auf. Warum?

A) Die Oberflächentemperatur des Meeres ist zu niedrig.

B) Es treten dort selten innertropische Konvergenzzonen auf.

C) Die Corioliskraft ist zu gering.

D) Aufgrund der Abwesenheit von Landflächen in diesen Regionen.

4. Zwei identische Gläser sind je zu einem Drittel beziehungsweise einem Viertel mit Milch gefüllt. Sie werden mit Wasser aufgefüllt, anschließend werden ihre Inhalte in einem Topf vermischt. Wie ist das Verhältnis von Milch und Wasser in dem Topf?

A) 7 zu 17

B) 1 zu 3

C) 9 zu 21

D) 11 zu 23

5. Lesen Sie folgende Beschreibung:

1. Ein Mann hat eine Ehefrau, zwei Söhne und Töchter in seiner Familie.
2. Die Töchter werden zu einem Festmahl eingeladen, und die männlichen Mitglieder der Familie gehen aus, um an einem Picknick teilzunehmen.
3. Der Vater des Mannes ist nicht von der Arbeit nach Hause gekommen.

Welche der folgenden Aussagen trifft zu?

A) Nur die Frau des Mannes ist zu Hause gelassen worden.
B) Es ist wahrscheinlich, dass die Frau zu Hause gelassen wurde.
C) Niemand wurde zu Hause gelassen.
D) Mehr als eine Person wurde daheim gelassen.

6. Sehen Sie sich folgende Sätze an:

1. Den Wind, der das ganze Jahr über zwischen dem 30. nördlichen und dem 60. südlichen Breitengrad weht, bezeichnet man als Westwinddrift.
2. Die feuchten Luftmassen, die den Winterregen in der Nordwestregion Indiens verursachen, sind Teil des Westwinddrifts.

Welche der folgenden Aussagen trifft zu?

A) nur Aussage 1

B) nur Aussage 2

C) beide Aussagen

D) weder Aussage 1 noch Aussage 2

7. In einer Stadt lesen 45 Prozent der Bevölkerung Magazin A, 55 Prozent lesen Magazin B und 40 Prozent lesen Magazin C. 30 Prozent lesen Magazin A und B, 15 Prozent lesen B und C, 25 Prozent lesen A und C und 10 Prozent lesen alle drei Zeitschriften.

Wie viel Prozent lesen gar kein Magazin?

A) 10 Prozent

B) 15 Prozent

C) 20 Prozent

D) 25 Prozent

Und? Hätten Sie das Zeug zu einem indischen Beamten im höheren Dienst? Hier sind die Lösungen:

1C / 2B / 3A / 4A / 5B / 6B / 7C

Quelle: Spiegel Online

24

IN INDIEN FÄNGT BEI -NO PROBLEM- DAS PROBLEM ERST AN

Wer nach Indien geht, um ein Projekt zu leiten oder ein Business aufzuziehen, kann ohne gute Vorbereitung auf das Land einen harten Kulturschock erleiden. Schon allein die deutschen Prämissen Zeit = Geld und Pünktlichkeit = Effizienz können nicht übertragen werden. Hier ist Zeit = endlos und Pünktlichkeit = unbekannter Faktor.

Doch wer viel reist, der hat gelernt, dass die typisch deutsche Einstellung zur Arbeit woanders nicht gilt und Logik nicht zwangsläufig das Entscheidungskriterium ist. Das erklärt sich so: 80 Prozent der Weltbevölkerung ist beziehungsorientiert und nur 20 Prozent, Deutschland gehört dazu, sachorientiert. Das bedeutet, dass in beziehungsorientierten Ländern wie Indien ganz andere Maßstäbe gelten. Im Vordergrund steht das Miteinander, das Vermeiden von Konflikten (dafür »Yes«- und »No problem«-Aussagen) und das Einhalten sozialer Gefüge und Hierarchien. In Deutschland wird Tacheles geredet. Das verursacht Unbehagen, wenn ein deutliches Nein im eigenen Land undenkbar ist und eher floskelhaft Vertuschung betrieben wird. So wirkt der Deutsche mit seiner Direktheit arrogant, kühl und unfreundlich. Hinzu kommen so schmeichelhafte Bilder wie besserwisserisch, stur, verschlossen und humorlos. Als positiv wird gemeinhin gesehen: glaubwürdig, arbeitsbesessen, ordentlich, Qualitätsarbeit abliefernd, fleißig, diszipliniert und pünktlich. Der Inder ist eher humorvoll, sehr tolerant, flexibel, offen, lebt Emotionen aus und orientiert sich an der funktionierenden Beziehung zum Chef, Kollegen und Familie. Durch solch wesentliche Unterschiede kommt es ständig zu beiderseitigen Missverständnissen – und Nervenzusammenbrüchen auf deutscher Seite.

Schauen wir uns die Reibungspunkte beider Kulturen im Geschäftsbereich (in typisch deutscher Form – einer Tabelle) einmal näher an.

Deutsche	Inder
»Der Liefertermin lässt sich auf keinen Fall einhalten.«	»*We try our best.*«
»Nein.«	»*Yes.*« (Vermeidung von Negativaussagen)
»Chef, hier ist der gewünschte Projektplan.« (Bringschuld)	Nix (Holschuld)
Eins nach dem anderen	Alles gleichzeitig
Jeder ist seines Glückes Schmied.	Jeder ist seines Schicksals (Karmas) Untertan.
Mündliche Absprachen werden eingehalten.	Mündliche Absprachen geben nur eine grobe Orientierung.

Deutsche	Inder
»Wir haben ein Problem.«	»No problem.«
»Die Lieferung erfolgt in 4 Wochen.«	»Coming tomorrow.«
Sachliche Verhandlung	Bühnenreife Inszenierung mit viel Dramatik und Emotion
Auf Kritik ruhig reagieren	Weinen (Gefühlsregungen zu zeigen, ist keine Schande)
»Ich habe einen Fehler gemacht.«	»No problem.« (Selbstschutz, Wahrung sozialer Harmonie, Konfliktvermeidung)
Der Chef ist auch nur ein Mensch.	Big Boss (bekommt Respekt, Loyalität und Gehorsam)
»Könnten Sie das bitte nochmals erklären? Ich habe das nicht verstanden.«	»No problem.«
Statussymbol: dickes Auto	Statussymbol: funktionierende und intakte Familie
Erst die Arbeit, dann das Vergnügen	Family first
Zeit ist Geld.	Zeit ist endlos.
Perfektionistisch	Flexibel
Kokosnuss (außen hart, innen hart)	Softeis (außen weich, innen weich)
»Ich habe nur ein Leben.«	Endlos (bis zum Nirwana)

Deutsche	Inder
»Ich arbeite gut, deshalb mag mich mein Chef.«	»Ich mag meinen Chef, deshalb arbeite ich gut.«
»Kein Problem.«	*»No problem.«*

Aber

Nicht alle indischen Unternehmen agieren durch die deutsche Brille gesehen wurstig und chaotisch. Indische Konzerne, wie z. B. Tata Consulting Service, die international tätig sind, haben sich den globalen Bedingungen angepasst und sind hochprofessionell.

25

In Indien zahlt man Bakschisch oder bleibt ewig Letzter

Korruption ist in Indien ein Riesenthema. Kaum ein Inder, der noch kein Bakschisch bezahlt hat. Schätzungen zufolge wechselt ein Drittel der indischen Einkommen als Bestechungsgeld den Besitzer. Wo die bürokratischen Mühlen sehr langsam mahlen, kann Schmiergeld Wunder bewirken. Der Pass, der fix ausgestellt wird, der Führerschein, der ohne Test ausgehändigt wird, der Platz fürs Medizinstudium oder fürs Wegschauen, wenn Gift in den Fluss gepumpt wird – Schmiergeldzahlungen sind an der Tagesordnung. Und es fließt sogar Bakschisch, um an Orten eingesetzt zu werden, wo Bakschisch leicht verdient wird.

Polizisten zahlen große Summen, um nach Goa versetzt zu werden. Denn wo Touristen sind, ist es ein Leichtes, sich ein Zubrot zu verdienen. Denn Goa-Touristen wollen Party. Folgt dem Uffz, Uffz, Uffz auf einen Schlag Stille, hat der DJ nicht genug geschmiert. Der kann sich glücklich schätzen, wenn sein Equipment nicht gleich beschlagnahmt wird. Oder Polizisten stellen kurzerhand nachts eine Straßenkontrolle auf – und schon hat man jede Menge Touristen, die mit ihren Motorrollern in die Falle gehen. Irgendwas ist ja immer – Helm (den es beim Verleih nicht gibt), Fahrzeugschein, internationaler Führerschein, Licht zu dunkel, Bremsen zu schlaff. Da gibt's kein Entkommen ...

Diese Einnahmen sind natürlich Kinkerlitzchen, verglichen mit dem, was auf Wirtschaftsebene über den Tisch geht. Eine Hochrechnung legt den Schaden, der seit der Unabhängigkeit 1947 durch Korruption entstanden ist, auf 15,5 Billionen Euro fest. Vermutlich ist der Betrag weitaus höher.

Zwei Beispiele aus der Welt der Korruption gefällig? Bitte sehr: 85 der 122 Telefonlizenzen wurden illegal vergeben, was einen Schaden von 30 Milliarden Euro verursachte. Bergbaulizenzen wurden ohne öffentliche Ausschreibung verschachert, was dem indischen Staat einen Verlust von 23 Milliarden Euro bescherte. Immerhin hat das oberste Gericht 2014 die Vergabe für illegal erklärt.

Korruption ist ein Thema, das den Großteil der Bevölkerung nervt. Einzelne Gegner stechen heraus. Ashok Khemka ist Beamter, der das schwerste Auswahlverfahren des Landes mit Bravur bestanden hat. Ein Spitzenbeamter, der sich den Kampf gegen die Korruption zur Aufgabe gemacht hat. Deshalb wurde er in seinen 24 Dienstjahren 46 Mal versetzt, weil kein Vorgesetzter einen wie ihn haben will. Momentan hat man ihn als Direktor der Archäologie-Behörde ins Abseits geschickt. Oder Anna Hazare, ein Mitsiebziger, der sich mit seinen Anhängern Gandhis Methoden des gewaltlosen Widerstands bedient. Medien unterstützten ihn in seinem Hungerstreik und berichteten über indische Geschäftsleute und Politiker, die geschätzte zwei Billionen US-Dollar ins Ausland (gerne in die Schweiz) transferierten. Premierminister Modi hat sofort nach Amtseintritt eine Task Force eingesetzt, um dieses Geld nach Indien zurückzuholen. Korruptionsbekämpfung stand weit oben auf der Wahlkampfagenda seiner Partei. Er weiß, dass Korruption ausländische Investoren abschreckt, die in Warteposition nach Indien schielen. Schade nur, dass bereits mehrere führende Politiker seiner Partei in Korruptionsskandale verwickelt worden sind. Ob Modi seine Saubermannweste zu Recht trägt, wird sich noch zeigen. Sonst heißt es weiterhin: Eine offene Hand gibt, aber zuerst nimmt sie lieber.

Harte Fakten

Was lang währt, wird vielleicht gut. Bereits in den 1960er-Jahren gab es die Idee, eine unabhängige Antikorruptionsbehörde einzurichten. Weil korrupte Politiker daran kein Interesse haben, wurden die Pläne immer wieder vom Tisch gefegt. Als Protestbewegungen gegen die Korruption 2010 immer größer wurden, stimmte das Unterhaus der Antikorruptionsbehörde zu. Im Oberhaus kam es deswegen zu Tumulten, und durch Verzögerungstaktik schob man die unliebsame Einrichtung weiter hinaus. Erst 2013 wurde die Idee realisiert. Auch hier gilt – abwarten, ob die Antikorruptionsbehörde eine Korruptionsbehörde wird.

Den Kampf gegen die Normalität des Handaufhaltens und Bakschischreinlegens hat sich auch ein Online-Portal zur Aufgabe gemacht. Auf www.ipaidabribe.com kann jeder anonym seine Erfahrung eintragen, inklusive des gezahlten Betrags, der erhaltenen Leistung und dem Namen des korrupten Beamten. Die Website erstellt durch die

Meldungen Diagramme, wo und in welchen Behörden in Indien die meisten Korruptionen stattfinden. Diese sind allerdings sehr eingeschränkt aussagekräftig. Das webaffine und vergleichsweise moderne Bangalore weist die meisten Meldungen auf. Nach einer ersten Euphorie hat sich der Traffic der Website reduziert. Zu wenige lehnen sich gegen die Korruption auf, zu viele akzeptieren die Bestechung als Möglichkeit, Dinge anzuschieben.

26
INDISCHE MÜHLEN MAHLEN LANGSAM

Es ist spät nachts, am 28. September im Jahre 2002, als Bollywood-Superstar Salman Khan mit einigen Freunden in seinem Landrover in Mumbai herumheizt. Die Stimmung ist gut, alle haben getrunken, mit Ausnahme des Chauffeurs. Auf dem Weg in eine Bäckerei in einem Vorort Mumbais überfährt der Wagen fünf Obdachlose. Einer von ihnen wird so schwer verletzt, dass er den Unfall nicht überlebt. Es beginnt ein exemplarischer Fall ...

Salman Khan ist einer der bekanntesten und bestbezahlten Bollywood-Schauspieler der Gegenwart. Er mimt den Bad Boy, den Schurken, den Ultra-Macho. Als sich der Unfall ereignet, berichten Augenzeugen, dass sich Khan aus dem Fahrersitz schälte und stolpernd die Flucht ergriff. Erst Stunden später stellte er sich. Die Schuld nahm dann allerdings sein Chauffeur auf sich, was angezweifelt wurde.

Erst vier Jahre später, im Jahr 2006, begann die Verhandlung. Salman Khan wurde freigestellt, vor Gericht zu erscheinen. Bis 2011 wurden insgesamt 17 Zeugen verhört. Die Staatsanwaltschaft beantragte, die Anklage von fahrlässiger Tötung auf Totschlag zu erweitern. Dem wurde 2013 stattgegeben und plötzlich drohten dem Bollywood-Star bis zu zehn Jahre Gefängnis. Verurteilt wurde er 2015 nur zu fünf Jahren Haft, die ausgesetzt wurden. Einige Monate später wurde er ganz freigesprochen.

Wenn einflussreiche oder bekannte Personen mit dem Gesetz in Konflikt geraten, können ähnliche Verläufe beobachtet werden. Die Gerichtsverfahren werden über Dekaden verschleppt, am Ende steht oft ein Freispruch. Regelmäßig flammen Diskussionen über die Gleichbehandlung und die Glaubwürdigkeit der Gerichte in der Bevölkerung hoch, und zuletzt ist alles wie immer: Die Reichen und Einflussreichen werden freigesprochen und die Opfer bleiben unentschädigt.

Der Fall um Salman Khan steht in einer Reihe mit unzähligen Prozessen gegen schlagende oder vergewaltigende Polizisten. Gegen korrupte Politiker oder Geschäftsmänner. Gegen kriminelle Konzerne. Schnell wird die geforderte Kaution bezahlt, während Arme jahrelang in den Gefängnissen dahinvegetieren, ehe der Prozess überhaupt beginnt, denn indische Mühlen mahlen langsam, auch in der Rechtsprechung. Etwa 38 Millionen Verfahren sind anhängig. Gemessen an der heutigen Arbeitsweise und personellen Besetzung der Gerichte wird es 466 Jahre dauern, bis alle Anzeigen bearbeitet sind. Korrumpierbarkeit der Gerichte ist ein weiterer Stolperstein in Größe eines Bergmassivs. Und Justitia weint.

Übrigens

Die Polizei einer Stadt irgendwo in Zentralindien kerkerte Anfang 2016 eine Ziege ein. Ganz im Sinne der englischen Redewendung »*The gras is always greener on the other side*« hatte sich die Ziege in Nachbars Garten vergnügt. Leider handelte es sich bei diesem Nachbarn um einen strengen Richter, der den Bock nicht zum Gärtner machen wollte und die Polizei herbeirief. Die jagte nun mitten in der Nacht der Ziege hinterher und brachte sie schließlich aufs Revier. Nach einer Nacht wurde die Ziege auf Kaution freigelassen. Eine Anzeige wegen Hausfriedensbruch und Sachbeschädigung haben jetzt beide am Hals – die Ziege und ihr Besitzer.

27

INDISCHE KINDER SORGEN FÜR UNSERE LETZTEN RUHESTÄTTEN

Nur 288 Euro kostet der *Paradiso* aus Indien, ein unschlagbarer Preis für eine Topqualität. Allerdings verbirgt sich dahinter etwas für diejenigen, die bereits ins Paradies gegangen sind.

Grabsteine sind ein Exportschlager und bereits jeder dritte Grabstein auf deutschen Friedhöfen kommt aus Indien. Steinmetze ordern seit den 80er-Jahren die weitaus günstigeren und farblich schönen Steine bei Importeuren. In südindischen Steinbrüchen geschlagen, gelangt alles vom tonnenschweren Steinblock bis zum feingeschliffenen Grabmal in den Hafen. Von dort wird die Ware entweder direkt nach Deutschland verschifft oder zuerst nach China transportiert, um dort noch kostengünstiger eine Inschrift zu erhalten.

Der Handel ist in die Schlagzeilen geraten, als bekannt wurde, dass die Arbeit in indischen Steinbrüchen oft von Kindern ausgeführt wird. Laut Kinderrechtskonvention ist Kinderarbeit verboten, wenn sie gefährlich oder schädigend für die Gesundheit ist, wenn die Kinder deswegen nicht zur Schule gehen können oder wenn sie die Entwicklung der Kinder schädigt. Natürlich versichert jeder Lieferant, dass kein Stein auch nur von einem Kind berührt wurde. Um die Situation einzuschätzen, helfen nur Überraschungsbesuche in Steinbrüchen.

Norbert Pütter von der katholischen NGO *Die Sternensinger* und Kämpfer gegen Kinderarbeit ist mit einem Reporter der *Süddeutschen Zeitung* investigativ nach Indien gereist, was nicht ungefährlich war. Um das lukrative Geschäft zu wahren, greifen skrupellose Steinbruchbesitzer durchaus zum Äußersten. Als potentieller Interessent und Grabsteinimporteur erhielt Pütter Zutritt zu den Steinbrüchen und sah, was er vermutete. Ein Teil der Arbeiter war eindeutig jünger als 18 Jahre.

Aber nicht nur das Alter ist ein Problem, auch die Arbeitsbedingungen sind oft katastrophal. Die Arbeiter schuften ohne Mund- und Kopfschutz, bearbeiten barfuß oder in Sandalen mit Presslufthämmern die harten Granitfelsen. Sie hausen in überbelegten Hütten für zwei Euro Tageslohn. Meist ist es die blanke Not, die zur Kinderarbeit führt. Viele Familien sind auf den Verdienst der Kinder angewiesen, die manchmal sogar die gesamte Familie ernähren müssen.

40 Millionen Kinderarbeiter gibt es nach Schätzungen von Hilfsorganisationen in Indien. Die meisten von ihnen arbeiten in der Landwirtschaft. Andere schuften als Schuhputzer, in Haushalten, als Müllsammler, werden zur Prostitution gezwungen oder sind Drogenkuriere. Wieder andere arbeiten oftmals mehr als zehn Stunden am Tag als Teppichknüpfer, in Fabriken, in der Textilbranche oder im Steinbruch. Da sie leichter zu manipulieren und zu unterdrücken sind und zudem weniger Lohn kosten, werden Kinder gerne als Arbeitskräfte eingesetzt.

Gesetzlich hat die indische Verfassung bereits 1950 Kindern unter 14 Jahren die Beschäftigung in Minen und Fabriken verboten. In den letzten Jahrzehnten kamen weitere Regelungen dazu wie die von 1996, wonach jeder Arbeitgeber für jedes beschäftigte Kind etwa 400 Euro Strafe für deren Schuldbildung zahlen muss. Korruption und Gemauschel verhindern allerdings meist die Anwendung des Gesetzes. Und ohne Ausbildung ändern sich die ausbeuterischen Verhältnisse auch im Erwachsenenalter nicht.

Wenig erstaunlich, dass es in Indien, einem Land, in dem ein Drittel der Bevölkerung bettelarm ist, eine hohe Toleranzschwelle beim Thema Kinderarbeit gibt. Laut der Vereinten Nationen trägt Kinderarbeit 20 Prozent zum indischen Bruttosozialprodukt bei. Viele der durch Kinderhand gefertigten Produkte landen bei uns.

Übrigens
Der Grabsteinkauf in Deutschland hat sich in den letzten 20 Jahren halbiert. Heutzutage werden die Toten immer öfter in Wäldern, Urnengräbern oder anonym ohne Grabstein beerdigt. Ein Grabstein aus Indien ohne Kinderarbeit gefertigt, trägt ein Zertifikat von Xertifix oder Fair Stone. Dann hat die letzte Ruhestätte keinen Dreck am Stecken.

Aber
Unicef gibt eine realistische Einschätzung zum Thema ab: Kinderarbeit kann nicht so einfach verboten werden, denn

dann würden die Kinder zum Betteln oder Stehlen geschickt. Deshalb sei es wichtiger, bessere Arbeitsbedingungen zu schaffen, die einen Schulbesuch möglich machen. Gewalt, Ausbeutung und erzwungene Arbeit müssen in jedem Fall bestraft werden.

28
INDIEN IST DER SUPERMARKT FÜR ERLEUCHTUNGSWILLIGE

Spirituelle Erleuchtung verspricht ein Poster, auf dem ein Inder mit weißem Bart aus gütigen braunen Augen den erleuchtungssuchenden Touristen anblickt. Daneben hängt ein Plakat, das ankündigt, dass nach einem Kurs bei Swami B. die kosmische Energie dafür sorgen würde, dass fortan Liebe und Frieden im eigenen Leben einkehren.

Keine Frage, Indien ist ein Mekka für den spirituell Suchenden und verspricht seit jeher Verheißung und Erkenntnis. Mittlerweile ist ein ganzer Wirtschaftszweig entstanden, der diese Bedürfnisse decken will. Natürlich gibt es »Heilige«, Swamis genannt, die eine millionenstarke indische Anhängerschaft haben. Aber es gibt auch welche, indische und ein paar westliche »Gurus«, die sich ganz auf westliche Reisende spezialisiert haben.

Die Sonne brennt heiß vom Himmel, als ich inmitten von Touristen Platz nehme, die auf einen leeren Korbstuhl starren. Links und rechts vom Stuhl liegen eine pinke und eine gelbe Stofftiermaus. Ein Ami klimpert auf seiner Gitarre beruhigende Klänge. Wir warten auf Neeru, die uns bei der Erleuchtung helfen will. 100 Rupien kostet das Vergnügen, was sehr günstig ist, bedenkt man, dass Mönche und Heilige ihr Leben lang in unwirtlichen Himalayahöhlen hocken und an ihrer Erleuchtung feilen.

Plötzlich gespannte Stille. Eine europäisch aussehende Frau, braun und faltig vom indischen Klima, betritt im wallenden weißen Gewand die Szenerie. Im Arm hält sie eine blaue Stofftiermaus und nimmt zunächst jeden Anwesenden genau in Augenschein. Ab und an bricht sie in hysterisches Gelächter aus.

Dann endlich beginnt sie zu reden. »*The secret* ... [lacht] ... *the secret* ... [lacht] ... *is* ... [lacht] ... *now*.« Das wiederholt sie einige Male, und die junge Frau neben mir schaut sie dermaßen bewundernd an, dass ich glauben muss, dass sie ihr Gehirn an der Pforte abgegeben hat.

Eine weitere Stunde lang wird der Satz immer wieder unter viel Gelächter und langen Pausen rezitiert. Klare Botschaft: Das Geheimnis ist jetzt. Das ist eigentlich in fünf Sekunden abzuhandeln, aber das ist dann auch keine 100 Rupien wert.

Nun ja, das war's dann auch schon mit der stofftierliebenden Frau und ihrer Botschaft. Erleuchtet ist keiner aus der Veranstaltung gekommen. Abends sehe ich Neeru, eine Deutsche übrigens, von zwei jungen Adonissen flankiert und übel gelaunt im Restaurant. Von Erleuchtung und Lachen ist jetzt nichts mehr übrig.

Ein anderer Ort, diesmal mit explizit esoterischer Ausrichtung. Hier will der Venezolaner Cesar uns Touristen bei der Erleuchtung helfen. Mit iPhone und in kurzen Hosen tritt er auf die Dachterrasse. So modern habe ich mir einen Erleuchteten in Indien nicht vorgestellt. Die Touristen dürfen einzeln nach vorne gehen und Fragen stellen. Auf diese antwortet Cesar mit einer Gegenfrage und ausgelassenem Lachen, in das die meist russischen Fragestellerinnen einstimmen. Ich vermute, er will zeigen, wie konditioniert der Geist ist. Ansonsten bleibt mir auch dieses Spektakel ziemlich fremd.

Am nächsten Tag höre ich von einem, der bekannt unter den Sinnsuchern dieser Welt ist. Mooji, ein jamaikanischer Rastamann aus London, ist ebenfalls vor Ort. Der Auftritt findet in einem festsaalartigen Zelt statt. In Reihen sitzen wir schweigend auf dem Boden, bis wir von engelsgleichen, glückselig lächelnden Helferinnen in weißen Gewändern nacheinander eingelassen werden. Als Mooji kommt, stehen alle auf.

So soll ein Heiliger aussehen: Lange Haare, braune Augen, weißes Gewand, Blumenkette um den Hals. Auch bei Mooji darf jeder auf die Bühne kommen und Fragen stellen, die in einer übermenschlichen Geduld von ihm beantwortet werden. Eine junge Finnin mit glasigen Augen deklariert lauthals, in ihm ihren Guru gefunden zu haben. Ein junger, arroganter Deutscher redet viel und sagt dabei nichts. Die Nächste ist eine Spanierin, die auf der Bühne schreiend zusammenbricht. Leider schreit sie minutenlang direkt in Moojis angeklipstes Mikrophon, was zur Folge hat, dass Hunderte Besucher entgeistert erstarren. Ich halte mir die Ohren zu und bin froh, dass die Veranstaltung dann auch zu Ende ist. Und wieder: Erleuchtet kommt hier – aus meiner Sicht – keiner raus.

Ich bin jetzt allerdings angefixt und will mir auch die anderen Erweckten des Ortes anschauen. Werner, ein Schweizer, der zwölf Jahre im Keller Yoga übte und meditierte und profund auf die Fragen der spirituellen Sucher antwortet, weckt bei mir größeres Interesse. Endlich mal einer, der Klartext redet. Er enttäuscht zu Beginn der Veranstaltung erst einmal alle Hoffnungsvollen, indem er klarstellt, dass sie sich eine Erleuchtung auf dem Expressweg mit Hilfe eines anderen Menschen in die Haare schmieren können. Als ein Amerikaner ihn jetzt auch als Guru haben will, obwohl er schon einen anderen Guru hat, platzt dem athletischen Yogi Werner der Geduldsfaden. Eine Standpauke gibt's für den Ami, das Schüler-Guru-Verhältnis sei ein ganz besonderes, das könne man sich nicht wie im Supermarkt einfach kaufen.

Am Ende gehe ich noch zur schweigenden Inderin, die ihr Schweigen für 50 Euro im Einzelgespräch bricht. Die Menschen sitzen auf dem Boden einer Halle im Haus der Dame. Sie kommt, schaut und geht. Kurz und schmerzlos. Mir gefällt das gut, vor allem, weil das Ganze schnell vorbei ist.

An diesem Ort sind in der Touristensaison Hunderte Suchende teilweise über Monate hier, um jeden Tag zu diesem oder jenem Erweckten zu gehen, immer in der Hoffnung, selbst einen Entwicklungs- oder Erleuchtungssprung zu machen.

Mein persönlicher Forscherdrang ist befriedigt. Bei einem anschließenden langen und einsamen Spaziergang wird mir klar, dass ich bei diesem Spaziergang zu mehr Innenschau und Besinnung finde als bei einem dieser Erleuchtungsspektakel.

Aber

Zahlreiche Reisende suchen nicht unbedingt die Erleuchtung, sondern wollen Yoga im Mutterland des Yoga üben. Gute Yogalehrer sind in Indien allerdings nicht so einfach zu finden, wie anzunehmen wäre. Es gibt nicht wenige, die mehr an der handanlegenden Körperausrichtung der Schülerinnen und an Geld interessiert sind als an Yoga an sich. Doch wer in Indien einen guten Lehrer findet, der kann sich glücklich schätzen, jemanden mit einem sehr fundierten Wissen vor sich zu haben.

Yoga wird im Westen sehr eingeschränkt verstanden. Yoga wurde zunächst immer als ein Weg zur Erleuchtung, der Gotteserfahrung und Einswerdung mit Gott verstanden. Meditation war der Weg dorthin. Erst viel später entwickelte sich Hatha Yoga, das Yoga der körperlichen Übungen. Neben dem Hatha Yoga gibt es vier weitere Grundrichtungen. Dabei geht es ganz im traditionellen Sinne immer um die Erfahrung des Göttlichen:

- Kundalini Yoga – Yoga der Energie
- Bhakti Yoga – Yoga der Hingabe
- Raja Yoga – Yoga der Meditation
- Jnana Yoga – Yoga des Wissens

29

IN INDIEN HILFT DER GURU AUF DEM WEG VOM GU INS RU*

Der Mensch will wie die Motte zum Licht. Und der Hindu will nicht nur ins Licht, sondern endlich raus aus dem ewigen Kreislauf der Wiedergeburt. Helfen soll dabei ein Guru, der den Suchenden zum Göttlichen führt.

Zunächst ist ein Guru lediglich ein Lehrer, ein Helfer, nur der Wahrheit und der Selbstlosigkeit im Unterrichten verpflichtet. In der Realität sieht es oft anders aus und viele Beispiele belegen die zutiefst menschliche Natur vieler »Heiliger«, auch wenn Gurus in Indien wie Heilige oder Götter verehrt werden.

Da sind charismatische Gurus wie Bhagwan, der selbst nach dem Tode noch Millionen Anhänger hat, auch wenn die Hochzeit der rotgekleideten Sannyasins, wie die Bhagwan-Anhänger heißen, vorbei ist. Früher gab es in jeder Großstadt Bhagwan-Diskos, die nicht als von Räucherstäbchen geschwängerte Esoterikbuden mit Hippiemusik daherkamen, sondern mit weißem Marmor und Springbrunnen schick eingerichtete Diskos mit cooler Musik waren. Neben den Tanztempeln hatten die Anhänger durch ein großes Netz unterschiedlicher Unternehmungen ein wahres Wirtschaftsimperium geschaffen. Dadurch füllten sich Oshos Taschen, wie sich Bhagwan später nannte, stattlich. Als der Guru angeblich wegen steuerrechtlichen Problemen aus Indien verwiesen wurde, ließ er sich in Oregon nieder, wo im Nirgendwo eine ganze Stadt aus dem Boden gestampft wurde. Bekannt wurde er eher wegen seines kostspieligen Hobbies des Rolls-Royce-Sammelns (trotz Aufruf zur Besitzlosigkeit) und seines Rufs als Sex-Guru (Sex als Befreiungstherapie) als durch seine teils sehr interessanten philosophischen Schriften. 1990 starb Osho.

Ebenfalls international bekannt ist Sai Baba. »Es gibt nur eine Religion, die der Liebe, und eine Kaste, die der Menschheit«, war eine seiner Weisheiten. Etwa 100 Millionen Anhänger zählte der 2011 Verstorbene, der für sie ein zu Fleisch gewordener Gott war. Sein Markenzeichen: Asche zu Rolex-Uhren materialisieren. Mir erzählte einmal ein Taxifahrer, dass er in einen Unfall verwickelt war, bei dem hunderte goldene Uhren aus einer angefahrenen Rikscha geflogen seien, die auf dem Weg zum Ashram war. Lange hielt sich der Vorwurf, Sai Baba habe Sex mit jungen Anhängern.

Frauen sind als Gurus seltener, es gibt sie aber auch. Amma, die umarmende Mutter, hat viele Millionen Menschen auf weltweiten Reisen in ihre Arme geschlossen. Doch wie wurde Amma eigentlich zum Guru? Amma wuchs in einer Fischerfamilie auf. Als Kind saß sie lange vertieft in Meditation am Strand oder komponierte Lieder. Das reicht natürlich noch nicht, um zum Guru zu werden. Da muss ein handfestes Wunder her. Über Amma wird Folgendes berichtet: Mit 21 Jahren wohnte sie einer Krishna-Feier bei. Plötzlich vibrierte ihr Körper und sie nahm eine Körperhaltung wie Krishna in den Kunstdarstellungen ein. Eine Weile später kehrte sie wieder in ihren Körper zurück, doch ihr Bewusstsein blieb im Göttlichen, beschreiben Anhänger. Die Menschen um sie herum forderten ein Wunder. Mit der Ansage, sie würde nur ein einziges Mal ein Wunder vollbringen, um den Glauben der Menschen zu stärken, verwandelte sie Wasser in Milch und dann in Pudding. 1.000 Menschen wurden aus einem kleinen Kännchen mit Pudding gespeist, ohne dass das Kännchen leer wurde, so die Legende.

Mit Umarmungen will Amma die Not der Menschen lindern. Das brachte ihr in jungen Jahren, in einer Gesellschaft, in der tugendhafte Frauen keine Männer berühren, zunächst die Verbannung ihrer Familie ein. Die aus einfachen Verhältnissen stammende Frau betreibt heute Schulen, Ausbildungsstätten und zahlreiche karitative Einrichtungen. Außerdem engagiert sie sich für Hilfsprojekte auf der ganzen Welt.

Eine andere Frau, die von ihren Anhängern als Verkörperung der göttlichen Mutter gesehen wird, ist Mutter Meera. Die bescheidene und ruhige Frau will in Meditationssitzungen Heilung bringen. Dazu sagt sie: »Ich schaue in jeden Winkel eures Seins. Ich betrachte alles in euch, um zu sehen, wo ich helfen, wo ich heilen und Kraft geben kann. Gleichzeitig gebe ich jedem Teil eures Seins Licht, ich öffne jeden Teil von euch dem Licht.«

Nicht alle Gurus sind reinen Herzens. Einige sitzen wegen Steuerhinterziehung bis hin zum Mordvorwurf im Gefängnis. Wieder andere sind praktisch veranlagt und packen selbst an, wie Balbir Singh Seechewal. Den hat das *TIME Magazine* als »Held der Umwelt« ausgezeichnet. Als »Öko-Baba« wurde er bekannt, weil er mit seinen Anhägern unter großem Einsatz den 160 Kilometer langen Fluss Kali Bein reinigte. Tonnenweise zogen sie Müll aus dem Wasser und verschönerten Flussbetten und Badestellen.

Und dann sind da Gurus, die schon länger tot sind, aber viel Gutes bewirkt haben und über einen untadeligen Ruf verfügen. Sivananda, der zuerst als Arzt Arme und Kranke versorgte, später einen Ashram gründete und maßgeblich zur Verbreitung von Yoga und Meditation beitrug. Sein Motto ist einfach zu merken: »*Love, Serve, Give, Meditate.*« (Liebe, Diene, Gebe, Meditiere.)

Oder Ramana Maharshi, der, lange Zeit in tiefer Meditation versunken, später seine Erkenntnisse niederschrieb: »Wenn man sich selbst tief analysiert, findet man nicht so eine Sache wie ein ›Ich‹. Nimm als Beispiel eine Zwiebel. Zuerst schält man die äußere rote Schale, dann findet man weiße dicke innere Schalen. Schäle diese nacheinander und du findest nichts im Innern. Das entspricht dem Zustand, in dem der Mensch nicht mehr die Existenz seines Egos fühlt. Und wer ist dann überhaupt noch da, um dieses zu suchen? Wer könnte beschreiben, wie man in diesem Zustand die Natur Brahmans (Gottes) im eigenen reinen Bewusstsein spürt.« Als Methode der Selbsterkenntnis durch Analyse dient eine simple Frage: »Wer bin ich?« In der Selbstbefragung zerfällt das Ich und taucht wieder auf, indem das Ich seinen Ursprung, seine Quelle, erkennt. Als Antwort kommt dann: »Ich bin **das**.«

Ramana bezeichnete diese Übung als direkten Weg zur Selbstverwirklichung. Im Idealfall verbleibt das Bewusstsein in der Quelle.

Probieren Sie es doch mal aus.

Hier können Sie ein Lehrbüchlein herunterladen, sollte Sie diese Methode interessieren:
www.sriramanamaharshi.org/de/die-lehre/unterweisungen

* Der Guru führt vom Dunkel *(Gu)* ins Licht *(Ru).*

30

In Indien wählen Abertausende Bauern den Selbstmord

Bauern haben in Indien kein leichtes Leben. Die Arbeit unter der sengenden Sonne ist hart und der Monsun wird immer unvorhersehbarer. Bleibt ein Monsun aus, vertrocknen die Pflanzen. Und ohne Ernte bleiben die Teller leer. Werden Not und Verzweiflung zu groß, greifen Bauern zu Rattengift, Haarfärbemittel oder einem Strick. Laut dem Zentralbüro für Verbrechen (NCRB) entschieden sich von 1995 bis 2011 knapp 300.000 Bauern für den Freitod. Die Zahl dürfte weitaus höher liegen, einige NGOs sprechen von einer Million Toten.

Die Misere begann mit der »grünen Revolution« der 1960er-Jahre, die von der indischen Regierung noch heute als großer Erfolg verbucht wird. Damals wurden die Ernten durch Hochertragssorten und massiven Einsatz von Pestiziden und Düngemitteln zunächst um ein Vielfaches gesteigert. Bereits in den 90er-Jahren waren die Spätfolgen unübersehbar: ausgelaugte Böden, resistente Schädlinge und sinkende Erträge. Die Situation für die Bauern spitzte sich zu, als sich Indien liberalisierte. Die Welthandelsorganisation (WTO) veranlasste die

Senkung der Importzölle und der Subventionen. Plötzlich sahen sich die indischen Bauern mit den hoch subventionierten Produkten der Bauern aus Europa und den USA konfrontiert. Als Folge kam es zu einem massiven Preisverfall auf indischer Seite. Diejenigen, die Gewinne einstrichen, waren (und sind) die Zwischenhändler.

Die prekäre Situation der indischen Bauern nutzte die Gentechnik-Lobby und drängte aggressiv auf den Markt. Firmen, allen voran Monsanto, versprachen den Bauern höhere Erträge bei geringerem Einsatz von Pestiziden. Viele Bauern ließen sich überzeugen, nahmen Kredite auf und kauften das teure Saatgut. Anders als die alten Traditionssorten, deren Samen über Jahre keimen können, ist Saatgut von Monsanto & Co steril und muss jährlich neu gekauft werden. Entgegen der Versprechungen erwies sich das Saatgut als nicht resistent gegen alle Schädlinge, hohe Kosten für Pestizide kamen deshalb jährlich dazu. Dadurch ist die Gefahr der Schuldabhängigkeit gestiegen, oft reichen ein oder zwei schlechte Ernten aus, um das Schicksal der Bauern zu besiegeln.

Monsanto & Co treiben weltweit die Patentierung von Pflanzen voran. Ziel der Gentechkonzerne ist das Patent auf alle Pflanzen und der Lizenzbesitz sämtlicher Saaten. Mit jeder Patentierung einer Pflanze werden Bauern, die traditionelles Saatgut benutzen, in die Illegalität und Kriminalität getrieben, da Teilstrukturen der genveränderten Saaten in den traditionellen Saatgütern beinhaltet sind. Auf der Website von Monsanto Indien sitzt ein zufriedener Bauer auf einem Berg dicker Maiskolben, daneben ist ein Foto eines wohlgenährten Sikh zu sehen, der lächelnd an einem gut tragendem Baumwollbusch zupft.

Bilder von unterernährten Bauern, verzweifelten Familien, schlechten Ernten und einem Leben unterhalb des Existenzminimums würden die Realität der Bauern angemessener widerspiegeln. Über die gentechnisch veränderte Baumwolle ist Monsanto in die Schlagzeilen geraten, denn vor allem Baumwollbauern sind durch das Saatgut in den Ruin und damit oft in den Tod getrieben worden. 95 Prozent der Baumwollsaat in Indien wird direkt oder über Lizenzvereinbarungen von Monsanto kontrolliert. Die Umtriebe der Gentechkonzerne sind dabei skrupellos und deren Vision einer Welt, in der Pflanzen und Lebensmittel im Besitz von Konzernen sind, ist eine alptraumhafte Fiktion, die an Menschenverachtung kaum zu überbieten ist. Wenn man mal von den Umtrieben zur Privatisierung von Wasser absieht ...

Aber

Gegen multinationale Konzerne und ihre Einverleibung der Landwirtschaft und ihrer Güter kämpft die Inderin Nandana Shiva. In Europa wurde sie vor allem durch ihre Saatgutbibliotheken bekannt, die sie in ganz Indien errichtet. Damit bewahrt sie traditionelle Pflanzen und schützt so Bauern vor der Abhängigkeit von patentiertem Saatgut. Auch Lehrgänge zu biologischer Landwirtschaft bietet die Inderin mit ihrer Organisation Navdanya an, der sich bereits über 70.000 Bauern angeschlossen haben. Nandana Shiva ist eine beeindruckende Kämpferin für die Menschenrechte und stellt zu recht die Frage, welche Rolle diese in einer von Großkonzernen dominierten globalisierten Welt spielen.

Zahlreiche Preise und Ehrendoktorwürden von Universitäten bezeugen die Würdigung ihres Engagements. Ihre Gegner kritisieren ihre Befürwortung der ökologischen Landwirtschaft. Gerade diese habe vor der »grünen Revolution« jährlich zum Hungertod eines Zehntels der Inder geführt.

31

IN INDIEN VERDIENEN EINARMIGE BETTLER BESSER

»Give me rupie please«, »give me money« oder »excuse me, please give me something«. Wie auch immer die Ansprache der Bettler lauten mag, sie wird zum ständigen Begleiter auf Ihrer Reise durch Indien. Teilweise wird das Betteln sehr offensiv betrieben. Am Hemd zupfen ist da noch die harmlose Variante. Weitaus herausfordernder ist es, wenn Ihnen eine Kinderhorde folgt, die Sie kaum abschütteln können, oder sich eine dürre Hand ins Taxifenster schiebt und Sie festhält. Es ist ein schwieriges Thema, das Betteln in Indien, das dort als Beruf gilt.

Die Bandbreite der Bettler ist groß. Es gibt bettelnde Frauen, die von ihren berufstätigen Männern auf die Straße geschickt werden, um die Haushaltskasse aufzubessern, aber ebenso Krüppel, verkleidete Mönche, Kinder, Witwen, Alte und verarmte Bauern. Wie immer in Indien, ist auch dieses Thema nicht einfach zu durchschauen, denn Bettler sind nicht gleich Bettler. Es gibt organisierte Bettlermafias, die ihre Bettler aussenden und abends das Geld einkassieren. Teilweise verstümmeln sie ihre »Angestellten«, damit sie Mitleid erregen. Ein Einarmiger oder Blinder bringt einfach mehr ein.

Einen Skandal entfachte eine mit versteckter Kamera gedrehte Dokumentation des US-Senders CNN in einer Stadt bei Delhi. Ein Arzt bot für 200 Dollar das Amputieren eines gesunden Beins an, damit das Betteln einträglicher wird. Wie viele Menschen unter Zwang verkrüppelt werden, ist unbekannt, aber sehr viele Bettler haben ein oder zwei Gliedmaßen zu wenig, sind blind oder entstellt. In besonderer Erinnerung habe ich ein Bettlerpaar in Delhi. Ein junger Mann in Lumpen saß auf der Straße und hielt einen Mann, der sein Vater gewesen sein könnte (aber vermutlich nicht war) im Arm. Dieser lag mit nacktem Oberkörper auf dem Boden und wirkte halb weggetreten. Ihm schien die Haut vom Oberkörper abgezogen zu sein (verätzt mit Säure?), blutig, wässrige Wundflüssigkeit stand ihm auf der Brust. Das Fatale daran: Eine Gabe würde mit Sicherheit nicht beim Arzt landen, sondern vielmehr das kriminelle Gebaren der Mafia weiter unterstützen. Und dieses Kalkül scheint aufzugehen. Je ärmer der Mensch dran ist, umso eher greift die eigene Hand ins Portemonnaie.

An Pilgerstätten tummeln sich ganze Horden von Bettlern. In Reih und Glied sitzend strecken sich so viele Hände entgegen, dass es unmöglich ist, in jede geöffnete Hand Geld zu legen. Auch hier sieht man auffallend frische Armstümpfe und blutige Wunden. Undurchschaubar bleibt, ob der Bettler zu seiner Arbeit gezwungen wird und das Geld abliefern muss oder ob er auf eigene Rechnung arbeitet.

Speziell das Betteln von Kindern weckt bei vielen Touristen zwiespältige Gefühle. Hunderttausende Kinder werden zum Betteln gezwungen. Einige werden von verzweifelten Familien an Banden verkauft oder entführt. Etwa 44.000 Kinder fallen jährlich in die Hände der Bettlermafia. Erinnern Sie sich an den Oscar prämierten Film *Slumdog Millionaire?* Dort wird sehr eindrücklich geschildert, wie es Kindern in solchen Strukturen ergeht. Selbst wenn einige Kinder befreit und in Heimen untergebracht werden, ist es nicht auszuschließen, dass die Kinder verkauft werden und wieder bei der Bettelei landen.

32

In Indien geht's mit Dreizack und Shillum zur Erleuchtung

»Jessas Maria, was für nackerte, dünne Manderl«, rief meine Oma in Österreich aus, jedes Mal wenn sie eine Postkarte mit einem kiffenden Sadhu von mir bekam.

»Niemals Indien«, schrie dagegen mein Bruder in Berlin, wenn ich ihm einen lehmbeschmierten Sadhu als postalischen Urlaubsgruß schickte.

Vermutlich kennen Sie Sadhus auch von Postkarten oder Fotos, sofern Sie noch nicht in Indien waren. Nackte oder halbnackte Männer mit Dreadlocks, einen Farbstreifen auf der Stirn, oft kiffend, manchmal die Hand zum Gruß hebend. Entweder in orange gekleidet oder mit Asche eingerieben. Bedeckt nur mit einem kleinen Lendenschurz, einige Ketten und eine spitzen Dreizack tragend. Sadhus sind Mönche und als solche entsagen sie dem weltlichen Dasein und bemühen sich durch harte Askese und Meditation, den Kreislauf der ewigen Wiedergeburt zu durchbrechen. Sie weihen ihr Leben Gott und tingeln besitz- und heimatlos durch indische Lande. Angespornt nur von einem Ziel, Moksha, also Erlösung aus dem ewigen Kreislauf der Wiedergeburten zu finden, indem sie die Selbstverwirklichung anstreben. Selbstverwirklichung heißt hier, erleuchtet zu werden, eins zu werden mit Gott. Manche versuchen sich diesem Ziel durch körperliche Kasteiung anzunähern, indem sie unter Dornen liegen, nur rückwärts gehen oder sich das Heben eines Armes auf Lebenszeit aufbürden, bis der Arm knorrig wie ein trockener Ast in den Himmel ragt. Zwölf Jahre wird ein Sadhu von seinem Guru unterwiesen. Während dieser Zeit schneidet er sich sein Haar nicht mehr und lebt unter großen Entbehrungen.

Das traditionelle Lebensmodell der Hindus sieht in der vierten Lebensphase vor, sich von allem Weltlichem zu trennen, die Familie zu verlassen, Haus und Hof zurückzulassen und auf spirituellen Pfaden zu wandeln. Tatsächlich ist es nicht selten, dass sich ehemalige Geschäftsmänner in Mönchsroben kleiden. Als Besitzlose sind sie dann auf Spenden aus der Bevölkerung angewiesen. Und hier beginnt es, etwas heikel zu werden. Um halbwegs über die Runden zu kommen, zieht sich so mancher Bettler einfach ein orangenes Gewand an, lässt die Haare verfilzen, malt einen Strich auf seine Stirn und macht sich so zum Sadhu-Plagiat. Nun kann niemand mehr mit Sicherheit sagen, ob man einen Mönch oder Bettler vor sich hat. Dabei ist es echten Sadhus eigentlich verboten, nach Almosen zu fragen. Sie sollen nur von dem leben, was ihnen freiwillig und ohne Bettelei gegeben wird.

In Pilgerorten wimmelt es von Sadhus. Sie hocken in einer Reihe auf dem Boden und halten die Hände auf. Die meisten sind Bettler. Einige sind untergetauchte Kriminelle. Andere sind echte Sadhus. Und die können magische Kräfte haben, munkelt man – und nach meiner Erfahrung bin ich versucht, es zu glauben.

Es begab sich im Norden Indiens. Ich reise gemeinsam mit einem Sadhu, Rajananda, in die Stadt Almora, um dort in einem Ashram zu meditieren. Er wollte zufällig auch in die Stadt, so ergab sich die Zweckgemeinschaft. Es kommt alles anders und ich lande nach einer langen Odyssee (Zug voll, letzter Nachtbus fährt »plötzlich« woanders hin) mit diesem »guten/heiligen Mann« (so die Übersetzung von »Sadhu« aus dem Sanskrit) in der abgelegenen Hütte eines anderen Sadhus, Ram. Hier sei noch nie ein Europäer gewesen, und ohnehin wüssten nur die Sadhus untereinander von den Standorten der vielen versteckten kleinen Ashrams, Hütten und Höhlen, in denen sie leben, so Rajananda. Da hat er Recht, die Sadhus sind wie ein Geheimbund, halten zusammen und unterstützen sich gegenseitig. Nur so haben sie sich all das Geheimwissen und die Rituale über Tausende von Jahren erhalten können. Aber natürlich gibt es auch unter den Sadhus Konflikte, einige Orden liegen miteinander im Clinch. Bei großen religiösen Events, den Kumbh Melas, wo schnell mal Hunderttausende Sadhus zusammenkommen, gibt es immer wieder Zusammenstöße. Manchmal gehen einzelne Orden mit Säbeln oder Dreizack bewaffnet aufeinander los, weil jeder zuerst das verheißungsvolle heilige Bad nehmen will.

Doch Rams Dreizack steckt fest in der Feuerstelle und er ist so freundlich, dass meine Bedenken verschwinden und ich beschließe, zwei Tage zu bleiben. Ram fasziniert mich mit seinen strahlenden Augen, denn ich sehe in ihm einen Menschen, der in all seinen Handlungen extrem bewusst ist. Von ihm, den in Einfachheit lebenden Sadhus, lerne ich durch bloße Beobachtung viel.

Die erste Nacht senkt sich schließlich über die rundliche Lehmhütte am Waldrand. Kleine, durch Solarpanels gespeiste Glühlampen geben Licht, von den Wänden blicken Götter von kitschig bunten Postern, in der Mitte des Raumes brennt die Feuerstelle mit dem eisernen Dreizack. Ram bereitet eine Abendzeremonie vor und zündet mit Butterfett gefüllte Schälchen an. Währenddessen erklärt mir Rajananda, dass manche Sadhus magische Kräfte hätten.

Plötzlich erlischt das elektrische Licht in der Hütte und wir sitzen im Feuerschein. »Wenn man Jay Hanuman ruft«, erklärt er, »dann verschwindet die Dunkelheit.« Und er wiederholt den Satz merkwürdig inbrünstig. »Jay Hanuman und die Dunkelheit verschwindet!«

Als in diesem Moment das Licht angeht, bin ich mehr als verdattert. Zufall? Oder war das jetzt eine Vorführung seiner magischen Kräfte? Der Lichtschalter ist an der Wand und für ihn unerreichbar. Rajananda grinst wissend.

Das hätte mir Warnung genug sein sollen. Aber wider eines unguten Gefühls lasse ich mich aus verfluchtem Forscherdrang, Abenteuerlust und einer gehörigen Portion Gutgläubigkeit von Rajananda überreden, mit ihm weiterzureisen. Was danach kommt, hat meine Schutzengel auf das Äußerste herausgefordert. In einem einsamen Tempel im Wald erlebe ich die wohl herausforderndste Nacht meines Lebens.

Als wir den Tempel erreichen, kann ich mich des Eindruckes nicht erwehren, dass mir ein plötzlich liebestoll gewordener Rajananda gegenübersteht. Ihn auf Abstand zu halten, soll die nächtlichen Stunden bestimmen.

Mitten im Tempel steckt ein eiserner Dreizack und als des Sadhus Tollheit in Aggressivität umschlägt, wird mir klar, wie schnell er mit dem Dreizack einfach kurzen Prozess mit mir machen kann.

Die Nacht wird von schlurfenden Geräuschen begleitet, die ich mir nicht erklären kann, sind wir doch mitten im Nirgendwo. Das sind die Toten, die zehn Meter vom Tempel entfernt verbrannt wurden, erklärt Rajananda, als sei es das Selbstverständlichste der Welt. Diese Erklärung lässt mein Unbehagen nicht weniger werden. Vor allem, da Rajananda immer wütender wird, weil ich mich strikt weigere, ihm Shakti-Energie (andere sagen einfach »Sex« dazu) zu geben, die er angeblich so dringend braucht.

Die Nacht ist lang, ich stehe teilweise Todesängste aus und kann im Morgengrauen unbeschadet fliehen. So viel zu diesem »guten/heiligen Mann«.

Wieder in Sicherheit verfluche ich meinen Wissensdurst und meine Abenteuerlust.

Und klar wie Kloßbrühe sehe ich jetzt: Wer ein echter Sadhu ist, der hat Besseres zu tun, als sich mit Touristen abzugeben. Der meditiert brav in seiner Höhle oder liegt 108 (heilige indische Zahl) Schillums kiffend gemütlich auf seinem Dornenbett. Om!

Aber

Lassen Sie sich von dieser Erfahrung nicht verschrecken. Ich habe sehr eindrucksvolle Sadhus (und nur eine Sadhu-Frau) kennengelernt. Menschen, denen Weisheit und innerer Friede nur so aus den Augen strahlen. Nur – wer Erkenntnis sucht, der wende sich woanders hin. Der suche sich einen Ashram, einen Lehrer, einen Guru womöglich. Aber hüten Sie sich vor Sadhus auf Tourist(inn)enfang. Ein

Plausch, jederzeit gerne. Kiffen, tun Sie sich keinen Zwang an. Aber bitte reisen Sie nicht mit einem Sadhu auf eigene Faust weiter. Sie können nicht wissen, auf wen Sie sich da einlassen. Und wer weiß schon, ob Siddhis, so werden magische Fähigkeiten genannt, nicht doch zum Repertoire ihres Sadhus gehören.

33

DIE INDISCHE KUH WIRD INSTRUMENTALISIERT

Als sich Mohammad Aklaq in seinem bescheidenen Haus in Bisara, einem Dorf in Uttar Pradesh, für die Nachtruhe fertigmacht, ahnt er noch nicht, dass ein aufgeheizter Mob zu ihm unterwegs ist. Es geht das Gerücht um, dass er ein Kalb geschlachtet habe. Der Mob umringt sein Haus und schmeißt Steine, zerrt ihn aus dem Haus und prügelt auf ihn ein. Aklaq stirbt an den Folgen – und der Graben zwischen Moslems und Hindus ist einmal mehr tiefer geworden.

Dabei war Aklaq als freundlicher Moslem bekannt, der zu seinen hinduistischen Nachbarn im Dorf eine gute Beziehung hatte. Bereits am Tage wurde ein Foto von einem toten Kalb per WhatsApp verschickt und das Gerücht verbreitet, Aklaq habe dieses Kalb getötet. Die unheilvolle Stimmung mündete am Ende im Mord an einem Unschuldigen. Acht Männer wurden verhaftet, sieben davon sind Angehörige des örtlichen BJP-Vorstands, einer ist sein Sohn. Dieser Sohn hatte den Priester des Ortes genötigt, die Beschuldigung über Lautsprecher bekanntzugeben. Am Tag nach dem Wüten des Mobs wird eine Probe des Fleisches aus Aklaqs Haus untersucht. Es ist Ziegenfleisch.

Während die liberale Presse Delhis und die Opposition die Tat als Gewaltverbrechen verurteilte und der Regierungspartei BJP eine Mitverantwortung zuschrieb, gab es auf der Seite der BJP Stimmen, die den Lynchmord entschuldigten. Der Staatsminister für Landwirtschaft verdrehte kurzerhand die Fakten und beschuldigte Moslems, nur Kühe zu essen, weil sie die Gefühle der Hindus verletzen wollen.

Diese traurige Begebenheit ist kein Einzelfall. Seit der indische Premierminister Narendra Modi und seine hindunationalistische Partei BJP an der Regierung sind, kommt es immer öfter zu gewalttätigen Auseinandersetzungen. Durch gezielte Aktionen radikaler Hindus werden Viehtransporte überfallen sowie Schlachthöfe und Metzgereien verwüstet. Zunächst verschwand im Bundesstaat Maharastra mit der Metropole Mumbai das rote Fleisch aus den Metzgereien. Auch Büffelfleisch, denn zu groß ist die Angst vor falschen Anschuldigungen, Ausschreitungen und hoher Strafe. Bis zu fünf Jahre Haft und etwa 190 Euro Geldstrafe stehen auf Besitz oder Verkauf von Rindfleisch. Zwar liegt die Entscheidung eines Verbots bei den Bundesstaaten, doch Restriktionen wurden mittlerweile fast überall eingeführt.

Mit dem Schlachtverbot haben viele Kleinbauern, Metzger und alle am Fleischgeschäft anhängig Arbeitenden eine wichtige Einkommensquelle verloren. 3.600 legale und 30.000 illegale Schlachthöfe gab es noch 2014. Gesellschaftlich wirkt das Verbot desaströs, denn nun haben der BJP nahestehende hindunationalistische Organisationen einen Grund, gegen Minderheiten, vor allem gegen Muslime, zu hetzen und so den Frieden im säkularen Staat zu gefährden. Denn Muslime, Christen und die Angehörigen der unteren Schichten essen

Rindfleisch, das in Indien nur die Hälfte von Geflügelfleisch kostet.

Das Rinderfleischverbot trifft auch die indische Wirtschaft. 2014 stieg Indien zum weltweit größten Rindfleischexporteur auf. 2,4 Millionen Tonnen wurden vor allem nach Südostasien und Saudi-Arabien ausgeführt, was zu satten Einnahmen von 4,5 Milliarden Dollar führte. Deklariert wurde es von offizieller Seite als Büffelfleisch, da Büffel nicht heilig sind.

Modis *Modus Operandi* kam nicht überraschend. Der Wahlkampf wurde zum Teil auf dem Rücken der Kühe ausgetragen – es ging um die Einrichtung einer Kuh-Universität, die zu allem rund um das Milchvieh ausbilden sollte, um 41,4 Millionen Euro für Unterstände für herumstreunende Rinder, eine Kuhpolizei, die gegen Fleisch und Rinderschmuggel vorgehen soll, und ein Kuh-Sanatorium für 10.000 Kühe. Käme dieser Vorschlag aus der Schweiz, nicht weiter verwunderlich, aber aus Indien! Einem Land, in dem ein Drittel der Bevölkerung am Hungertuch nagt? Ins Gedächtnis kommt da die Parole der nordrhein-westfälischen CDU gegen die Immigration indischer Software-Experten. »Kinder statt Inder« hieß es im Jahr 2000 und heute eben »Rinder statt Inder«.

Nicht alle Hindus sind von dem Verbot begeistert. Gerade in der gebildeten Oberschicht, die westliche Werte assimiliert und deren Gewohnheiten imitiert, ist der Konsum von Steaks hip. Es gibt einen Schwarzmarkt für Rindfleisch, das gehandelt und heimlich zugestellt wird wie anderenorts Drogen. Filzt die Polizei einen Wagen mit verbotenem Rindfleisch, wandern die Insassen in den Knast.

Für die meisten Hindus ist die Kuh heilig. Bereits in den heiligen hinduistischen Schriften, den Veden (zwischen 1200 und 500 v. Chr. in mehreren Teilen entstanden, aber erst im 5. Jh. n. Chr. niedergeschrieben), wird davon berichtet. Der Gott Krishna wurde von Kühen genährt und so gilt die Kuh als »heilige Mutter«. Eine, die alle Wünsche erfüllt, weswegen eine Kuh mit großem Respekt behandelt werden sollte. Sie zu füttern, anzufassen und mit dem Kuhschwanz die Stirn zu berühren, gilt als glücksverheißend. Zudem gibt das Tier fünf wichtige Produkte: Milch, Butterschmalz, Joghurt, Dung und Urin. Butterschmalz, Ghee genannt, und Joghurt sind Bestandteil einer Puja, eines hinduistischen Verehrungsritus. Ghee wird außerdem als Lampenöl und zum Kochen verwendet, getrockneter Kuhdung dient als Brennmaterial und Kuhurin ist in Wundermitteln gegen alle möglichen Krankheiten enthalten. Die Pläne der hindunationalistischen RSS, Unheiliges wie Pepsi und Coca Cola vom Markt zu drängen und mit einem Softdrink aus Kuhurin mit Kräutern zu ersetzen, darf bislang als gescheitert angesehen werden.

Welch ein Spektakel um die indische Kuh. Solche Rindviecher!

34
AN MODI SCHEIDEN SICH DIE INDISCHEN GEISTER

Vor der Wahl 2014 gilt Narendra Modi als großer Hoffnungs-träger. Er hat den Bundesstaat Gujarat mit harter Hand regiert und ihm ökonomischen Erfolg eingebracht. Während des Wahlkampfes inszeniert sich Modi geschickt. Er fastet 36 Mal in der Öffentlichkeit, Millionen Inder sind live dabei und verehren ihn als einen Heiligen. Frauen küssen ihm die Füße, Männer seine Hände. Seine Markenzeichen: Traditionsbewusstsein und Fortschrittsglaube. Die Schaffung neuer Arbeitsplätze und eine Modernisierung Indiens – das klingt für die meisten Inder verlockend. Und so gewinnt Modi mit seiner Partei BJP, wie die Bharatya Janata Party genannt wird, in einem erdrutschartigen Sieg die Wahl und wird Indiens Premierminister.

Oppositionelle und Intellektuelle sind schockiert, denn dieser Mann ist politisch kein unbeschriebenes Blatt. Als Ministerpräsident Gujarats wird Modi durch die dortigen Pogrome im Jahr 2002 bekannt, die über 2.000 muslimische Todesopfer fordern. Die Gewaltexzesse dauern Wochen an und werden von militanten Hindunationalisten geplant und koordiniert. Sicher scheint: Ohne stillschweigende Duldung der Regierung, also Modi, hätten die Gewaltexzesse nicht so lange ungehindert andauern können. Was dort passiert, will man nicht wissen, es ist aber wichtig, um zu verstehen, welcher Bedrohung sich indische Muslime ausgesetzt fühlen:

Hunderte muslimische Männer werden von ihren Nachbarn erschlagen, ihre Frauen vergewaltigt und danach verbrannt, Häuser mitsamt den Bewohnern in Brand gesetzt. Schwangeren wird der Bauch aufgeschlitzt und der Fötus herausgezerrt, Neugeborenen der Kopf abgeschlagen. Die Überlebenden dieses Gewaltausbruchs leben traumatisiert und voller Angst in der eigenen Heimat. Modis Reaktion kommt verzögert und halbgar. Einige Monate später tritt er zurück, nur um Neuwahlen zu ermöglichen, von denen er sich einen Machtzuwachs verspricht.

Seine Rechnung geht auf – heute ist er der Premierminister Indiens. Ideologisch hält sich Modi dezent zurück, doch seine floskelhaften Aussagen über friedliches Zusammenleben täuschen nicht darüber hinweg, dass ein Hindunationalismus erstarkt. Modi unterstützt diese Entwicklung auf seine Weise – und sei es durch Zurückhaltung. Indien, wie es die Hindutva – so wird die hindunationalistische Bewegung genannt – sieht, ist eines unter der Vorherrschaft der Hindus. Muslime und andere Nicht-Hindus werden als Folge unterdrückt.

Die Partei BJP ist Teil dieser Hindutva-Bewegung und gilt als der politisch verlängerte Arm der RSS. Die RSS hat eine Million Mitglieder. Sie ist eine Kaderschmiede, deren Mitglieder sich täglich treffen, körperlich trainiert und ideologisch geschult werden.

Narendra Modi tritt als achtjähriger Junge der RSS bei und findet dort sein geistiges Zuhause. Er kommt aus einer unteren Kaste, sein Vater verkauft Tee am Bahnhof, der junge Modi hilft mit und eröffnet nach der Oberschule einen eigenen Teestand. Später sagt er sich von seiner Familie los, die ihn bereits als Teenager verlobt hat. Er heiratet nie und ist bis heute Single. Das spricht junge und moderne Inder an, für die es bis heute nahezu unmöglich ist, unverheiratet zu bleiben und gleichzeitig gesellschaftlich anerkannt zu sein. Das ist nur Gurus und Sadhus vorbehalten.

Modi ist nicht nur Ideologie-, sondern auch Technologiefan. Sein Indien ist ein modernes Indien, »Modernisierung ohne Verwestlichung« ist sein Slogan. Kampagnen, die Indien auf den Weg bringen sollen, heißen »Clean India«, »Make in India« und »Digital India«. 100 Smart Cities, die effizient und hochtechnologisch funktionieren sollen, sind geplante Vorzeigeprojekte. Außerdem sind Hochgeschwindigkeitszüge und ein gigantisches Wasserstraßenprojekt, das die Flüsse des Subkontinents verbinden soll, geplant. Bei diesem Fokus auf die Technisierung des Landes ist davon auszugehen, dass sich das soziale Ungleichgewicht weiter verschärfen wird. Für den Großteil der Inder wird das Wohnen in einer Smart City unbezahlbar bleiben. Die Bauern, die Dalits, die Stammeskulturen und niedrigkastigen Inder bleiben in diesem Entwicklungsplan außen vor und werden noch mehr zu dem, was sie bereits sind – zu Massen vergessener Randgestalten im eigenen Land.

Ein weiteres Riesenprojekt ist die Errichtung einer neuen Hauptstadt im Bundesstaat Andhra Pradesh. Besser als Singapur soll sie werden, so das hochgesteckte Ziel. Wer einmal in Indien war, der weiß, dass Indien so ziemlich das Gegenteil vom perfekten und sauberen Singapur ist. In Indiens Städten funktioniert vieles nicht. Der Strom fällt oft aus, Müll liegt auf den Straßen und Rauchschwaden von Plastik verbrennenden Feuern schwärzen die ohnehin verpestete Luft. Menschen, die auf der Straße schlafen, verrottende Fassaden, jede Menge Elend. Gewährt man nur Reichen und der Mittelschicht Indiens Einlass in die neu geplante Stadt, wäre ein »aufgeräumtes« Straßenbild nach dem Vorbild Singapurs möglich. Immerhin ist Singapurs Regierung damit beauftragt, einen Masterplan für diese neue Stadt zu entwerfen.

Modi ist ein Visionär. Sein Charisma und seine »Packen wir es an«-Attitüde beeindrucken Millionen Inder, ausländische Investoren schielen hoffnungsvoll ins Land, während andere um die Demokratie fürchten. Ob Modi ein Wolf im Schafspelz ist, wird sich noch zeigen.

35
INDER ORGANISIEREN SICH

Vor dem Hintergrund von Karmaglauben und Wiedergeburtstheorie wird den Indern immer wieder mangelnde Nächstenliebe und Mitleidslosigkeit unterstellt. Wer arm dran ist, ist selbst schuld. Der war wohl im letzten Leben nicht anständig genug, war vielleicht sogar ein Verbrecher oder ein Tier und erfährt in diesem Leben die Strafe dafür. Auch wenn eine fatalistische Haltung zu Teilen das Denken der Hindus bestimmt, ganz kampflos will man sich dem Schicksal nicht ergeben. Viele Inder setzen sich gegen alle möglichen Missstände ein und organisieren sich in Nicht-Regierungsorganisationen, den NGOs.

Über zwei Millionen NGOs gibt es im Land. Die meisten werden lokal finanziert und kämpfen an vielen Fronten. Soziale und Bildungsprojekte für Dalits oder Stammesvölker, für Frauen und Kinder. Sie kämpfen gegen Kinderarbeit und Menschenhandel, gegen Prostitution und Sklaverei. Sie setzen sich für die Umwelt ein und agieren damit teilweise stark gegen Wirtschaftsinteressen internationaler und nationaler Konzerne. NGOs bewegen viel und werden oft unbequem.

Dem will die indische Regierung einen Riegel vorschieben. So erließ sie ein Gesetz, welches eine Registrierung aller NGOs vorschreibt, die Gelder aus dem Ausland beziehen.

Des Weiteren kann die Überprüfung einer Organisation ein halbes Jahr andauern, was eine Aussetzung der Zulassung mit sich bringt. Die Konten werden dann gesperrt, womit die Organisationen handlungsunfähig werden und ihre Arbeit einstellen müssen. Knapp 14.000 NGOs wurde bereits die Zulassung entzogen.

Politisches Kalkül vermuten die Aktivisten. Nicht selten wird Mitarbeitern von NGOs unterstellt, sie handelten aus anti-nationalen Motiven und würden die wirtschaftliche Entwicklung des Landes sabotieren. Ein Vorwurf, den beispielsweise auch Greenpeace India erfahren musste. Ihre Initiativen gegen Atomkraftwerke und den Abbau von Kohle sind der Regierung ein Dorn im Auge. Um den Aktivitäten ein Ende zu setzen, wurden die Konten der indischen Umweltaktivisten mit ausländischem Geld eingefroren. 150 Mitarbeiter haben die Organisation in Indien bereits verlassen, weil sie dem Druck der Regierung nicht mehr standhalten konnten.

2014 tauchte eine Liste des Geheimdienstes mit Namen von Organisationen auf, die vom Ausland finanziert werden und die dem Land wirtschaftlich schaden würden. Für den Geheimdienst sind einige NGOs nichts weiter als Werkzeuge politischer Interessen westlicher Regierungen, die gezielt Widerstand gegen Atomenergie und gegen den Anbau von Genpflanzen finanzieren. Damit werden die NGOs ins Licht von Kriminalität und Terror gerückt. Zwei bis drei Prozentpunkte sei das Wirtschaftswachstum durch die Arbeit der NGOs geschwächt worden, folgert der Geheimdienst. Auf der roten Liste stehen auch deutsche Organisationen wie Brot für die Welt. So wurden dem Verband von Atomkraftgegnern, Gentechnikkritikern und Menschenechtlern, der unter dem Dach der deutschen Hilfsorganisation zusammengeschlossen ist, die Konten gesperrt.

Auch das Hilfswerk Misereor steht auf der Liste. Eine Partnerorganisation unterstützt Adivasi, die Ureinwohner, in Gujarat. Diese kämpfen gegen Staudamm- und Bergbauprojekte sowie gegen illegale Landnahme, um ihre Lebensgrundlage zu sichern.

40.000 der über zwei Millionen NGOs werden vom Ausland unterstützt, doch der Großteil der Finanzierung erfolgt von sozial engagierten indischen Großunternehmen und der indischen Gesellschaft. Besonders diejenigen, die zu Wohlstand gekommen sind und ihre früheren Lebensumstände nicht vergessen haben, greifen in den Geldbeutel, um ihre ärmeren Landsleute zu unterstützen. Veränderungswille und Einflussnahme sind trotz Karmaglaube mittlerweile stark in der Gesellschaft verankert.

36
In Indien leben Kinder auf Mittelstreifen

Die neue klimatisierte Shoppingmall wirbt mit einem überdimensionalen Plakat, auf dem ein dicklicher Junge glücklich auf einem Minimotorrad durch die Halle des Einkaufszentrums fährt, während die stolzen Eltern mit prallen Plastiktüten in der Hand zusehen. Betritt man den Ort, sind tatsächlich wohlgenährte kleine Jungen auf allerlei elektrischen Gefährten zugange. Fröhlich kreischend fahren sie durch die nahezu leere Einkaufshalle, während die Eltern einkaufen. Am Eingang verwehrt der Wachdienst einer einfach aussehenden Frau den Zutritt, denn hier darf nur rein, wer auch so aussieht, als könne er sich die Waren leisten.

Vor dem Shoppingparadies steht die heiße und staubige Luft. Neben dem Einkaufzentrum wird gebaut und eine Kinderschar, schmutzig und mit verfilztem Haar, hat es sich in einer Betonröhre gemütlich gemacht, soweit das in einer Betonröhre möglich ist. Drei schwirren aus und rennen Passanten entgegen, um zu betteln. Ein kleines Kind, das noch nicht laufen kann, bleibt mit einem dünnen Mädchen in der schattigen Röhre zurück.

Diese Kinder gehören zu den mindestens 11 Millionen Straßenkindern zwischen acht und zwölf Jahren, die es offiziell in Indien gibt, nach Schätzungen von Unicef liegt die Zahl bei 18 bis 20 Millionen Kindern dieser Altersgruppe. Viele sind krank, leiden unter Hautkrankheiten, Knochenbrüchen, Tuberkulose, Malaria oder Aids. Während ein Teil von ihnen mit der Familie auf der Straße lebt, haben andere die Zustände Zuhause nicht mehr ausgehalten und sind vor ihrer Familie geflohen. Andere wurden von den Familien verbannt, weil nicht genug Geld da war, um alle zu ernähren. Diese Kinder müssen sich im Großstadtdschungel alleine durchschlagen. Leicht werden sie Opfer von Gewalt. Die Ungewissheit, etwas zum Essen und einen halbwegs sicheren Schlafplatz zu finden, begleitet sie täglich und lässt sie zu Überlebenskämpfern werden.

Typische Szenen der Kinderarmut: Ein kleiner Junge, gerade so groß wie sein Müllsack, den er hinter sich herzieht, sammelt Altpapier, um sich ein paar Paisa zu verdienen. Einige Jungen sitzen um ein qualmendes Feuer. Sie verbrennen Holzreste und ziehen alte Nägel heraus, um sie zu verkaufen. Eine Tüte mit Klebstoff geht herum. Mit einem tiefen Atemzug versinkt die Welt für einige Minuten im Nebel der Berauschtheit. Der Klebstoff dient als Kitt für ihre Misere. »Schnüffeln« lässt den täglichen Überlebenskampf ein wenig erträglicher werden.

Das Sammeln von Ressourcen ist eine der wenigen Möglichkeiten, legal Geld zu verdienen, auch wenn sich der Verdienst im Mikrobereich bewegt. Ernähren müssen sie sich von dem, was andere wegschmeißen. Straßenkinder sind in der Betriebsamkeit der Städte leicht zu übersehen. Es sind Kinder ohne Kindheit, ohne Perspektive und Zukunft.

Harte Fakten

Nach der Volkszählung von 2011 sind es 1,77 Millionen erwachsene Obdachlose, die auf der Straße wohnen, die Zahl dürfte weitaus höher liegen. Jeden Tag drängen mehr Menschen vom Land in die Städte. Alle in der Hoffnung auf ein besseres Leben in einer der Megacities. Meist verwirklicht sich dieser Traum nicht.

Die Landflüchtigen verelenden in den Städten, enden als Müllsammler, als Tagelöhner oder Bettler. In jeder Großstadt sind es zahllose Menschenbündel, eingehüllt in Decken, schutzlos und ausgeliefert, die auf Mittelstreifen stark befahrener Straßen, auf Gehwegen und Baustellen liegen und schlafen. Die Kinder dieser Obdachlosen bleiben im Erwachsenenleben oft ebenfalls auf der Straße. Meist bleibt der Traum von fester Arbeit und einer Wohnung, von einem bescheidenen, doch menschenwürdigen Leben unerfüllt.

37
INDER KÜSSEN GEGEN DEN LOVE-JIHAD

300 Jugendliche versammeln sich nahe dem Büro der hindu-nationalen RSS in Neu-Delhi, um einen Protest der besonderen Art zu begehen. Sie sind Teil einer Bewegung, die sich »Kiss of Love« nennt. Damit wenden sie sich gegen die gewalttätige Moralpolizei des RSS und anderer Hindunationalisten. Am Ende werden 70 Kiss of Love-Aktivisten verhaftet, später aber wieder auf freien Fuß gesetzt.

Immer häufiger werden Paare und Frauen, die abends unterwegs sind, zurechtgewiesen oder sogar verprügelt. Die Versuche der selbsternannten Moralpolizei RSS müssen als Teil eines weitaus größeren Hindutva-Projekts gesehen werden, das versucht, eine idealisierte Version Indiens zu schaffen. In dieser Fassung hat die Frau abends sittsam zu Hause zu bleiben und nicht herumzupussieren. Besonders vorsichtig müssen die Paare am Valentinstag sein. In den letzten Jahren haben rechte Aktivisten Paare in der Öffentlichkeit angegriffen und zusammengeschlagen. Dabei geht es im Endeffekt um die Kontrolle über Frauen und ihren Körper, über den Besitz des öffentlichen Raums und das Bewahren der patriarchalen Ordnung in Gesellschaft und Religion. Dagegen wollen sich moderne junge Inder wehren. Unterstützung bekommen sie von Frauenverbänden, die über die Zunahme von Gewalt gegen Frauen im Namen der Hindu-Ehre alarmiert sind.

Eine weitere Art der Agitation der Hindutva-Bewegung liegt im Bekämpfen des »Love-Jihad«. In dieser Theorie führen muslimische Youngsters nur eines im Schilde – durch Liebesschwüre das Hindumädchen hinters Licht zu führen und zur Konvertitin zu machen. Auf dass sie zahlreiche kleine Muslime statt zahlreicher Hindus in die Welt setze. Zum Glück wird diese Theorie von der breiten Gesellschaft als das angesehen, was sie ist, eine Verschwörungstheorie, die Öl ins Feuer gießen und aufstacheln soll. Durch die Theorie des Love-Jihad wird jeder junge Moslem zur Gefahr für die indische Hindunation und jede konfessionsübergreifende Heirat zum Volksverrat.

Wild knutschende Paare sind auch beim Kiss of Love Day nicht zu sehen, auch wenn viel gebusselt und geküsst wird, was sonst nicht in der Öffentlichkeit stattfindet. Aber was soll da auch rauskommen, wenn moralische Religionshüter und verklemmte Engländer über lange Zeit das Sittenregiment führen. Letztere betreten noch heute mit Badehosen und hochrotem Kopf die Sauna.

Aber Tantra, die indische Liebeskunst, denken Sie jetzt. Ihnen fallen die orgastischen Verrenkungen der Paare am Kujarahoo-Tempel ein und vielleicht färben sich Ihre Wangen in vornehm viktorianischem Rot. Tja, falsch gedacht. Sex wird vielleicht von der Oberschicht etwas freier gehandhabt, aber ansonsten als Vorrecht des Mannes eher heimlich und verschämt »praktiziert«. Weibliche Lust hat, wie gemeinhin in patriarchalen Gesellschaften üblich, nicht da zu sein.

Ruft Ihnen ein indischer Jüngling »*Hello Auntie*« hinterher, trifft er damit gleich mehrere Aussagen. Zum einen sind Sie mindestens mittelalt, zum anderen immerhin noch so attraktiv, dass der Jüngling mit Ihnen sexuelle Erfahrungen machen will. Weil vorehelicher Sex kaum möglich ist, wird auf die älteren Tanten (*Aunties* eben) zurückgegriffen. Wie er sich dabei am besten anstellt, das lernt der Jüngling durch »Schmuddelfilme«. Die sind offiziell verboten, aber dank Internet heutzutage jederzeit und leicht zugänglich. Sonst helfen auch Pornoheftchen, die unter Ladentheken gereicht werden.

Apropos – schon mal was von »Pornogate« gehört? Ein Riesenskandal erschütterte das Land, als Abgeordnete während einer politischen Debatte heimlich dabei gefilmt wurden, wie sie sich mit Pornofilmchen auf dem Handy verlustierten. Sie mussten allesamt zurücktreten.

Harte Fakten

Räumen wir mal mit dem ominösen und im Westen falsch verstandenen Tantra auf. Im Tantra sind sexuelle Praktiken ein spiritueller Weg neben vielen und werden auch nur von einigen tantrischen Strömungen praktiziert. Häufig wird Shakti, als das weibliche Schöpferprinzip, verehrt und Shiva, als das höchste kosmische Prinzip. Der Tantriker benutzt die Sinne, um Einheitserfahrungen zu machen oder, noch besser, gleich mit dem Göttlichen zu verschmelzen. Die Praktiken sind vielfältig und stützen sich auf die Lehre der Kundalini-Energie, die schlangengleich am

Wirbelsäulenende schlafend herumliegt und die es durch Atemübungen, Yogastellungen und allerlei andere Praktiken zu erwecken gilt. Was Dieter und Ursula als Tantrawochenende anbieten oder Chayenne im Delight-Tantra-Massagetempel zelebriert, hat mit tantrischen Praktiken so wenig zu tun wie Kim Kardashian mit Gandhi.

Praxistipp

Apropos Massage – als ich einmal mit zwei Freundinnen in Goa war, kamen diese mit zwei grundsätzlich unterschiedlichen Reaktionen von ihren ersten »Ayurveda«-Massagen zurück. Sie hatten in einer kleinen Massagebude Termine bei indischen Masseuren ausgemacht. Ausziehen mussten sich beide und Minilendenschurze verdeckten nur das nötigste. Viel Öl ließ die Hände der Masseure die Körper auf- und abstreifen. Über die Brüste und über den Bauch. Zurück zu den Oberschenkeln. Uuups, da gleitet der Lendenschurz zur Seite.

Nun ja, Genaueres habe ich nicht erfragt. Die erste Freundin war in jedem Fall geschockt. »Das war eine Sexmassage«, empörte sie sich, »ich glaube nicht, dass *das* etwas mit Ayurveda zu tun hatte.«

Die zweite Freundin kam erfreut und mit geröteten Wangen zurück. Super sei so eine Ayurveda-Massage, da könnte sie jeden Tag hingehen. Außerdem hätten ihr die Masseure vorgeschlagen, uns gegen Geld in einem neuen Auto nach Mumbai zu fahren.

Was daraus wird, lesen Sie im nächsten Kapitel.

Harte Fakten

Ayurveda-Massagen für Frauen werden traditionell nur von Frauen durchgeführt. In der indischen Kultur ist es undenkbar, dass ein Mann eine indische Frau massiert. Massageangebote von Männern und vermeintlichen Masseuren sollten Sie als Frau besser ausschlagen.

38

INDIEN HAT EIN EINMALIGES TRANSPORTWESEN

Es ist nicht so, dass ich jemals geglaubt habe, dass man mit dem Auto schneller von A nach B kommt als mit dem Zug, doch ganz unbedarft schenkten wir den beiden »Ayurveda-Masseuren« aus dem vorherigen Kapitel Glauben. Ein schnelles Auto haben sie, beide kennen sich perfekt in Mumbai aus, können noch dazu super fahren, also was spricht bitte dagegen, sich von ihnen für Geld zum Flughafen fahren zu lassen? Eben, nichts. Und wieder einmal – welch ein Irrtum!

Sobald wir im Auto sitzen, wird schnell klar, dass wir Opfer typischer indischer Übertreibung geworden sind. Fahren kann nur einer der beiden und das wie ein erbärmlicher Fahranfänger. Das Auto ist eine geliehene Rostlaube, die langsam vor sich hin tuckert. Und (das sollten wir aber erst in Mumbai erfahren) zu allem Unglück waren beide noch nie in Mumbai.

Die Fahrt gestaltet sich dann auch typisch indisch. Halsbrecherische Manöver, hupende Dauerbeschallung, Rikschas und sogar Ochsenkarren überholen uns, Fahrspuren gibt es nur theoretisch und die Einsicht, dass Licht wichtig sein oder eine gut funktionierende Bremse Sinn haben könnte, fehlt gänzlich. Dabei sind die Verkehrsregeln einfach und derer gibt es zwei: Der Größere hat Recht und die lauteste Hupe ebenfalls. Daran halten sich allerdings nicht alle Verkehrsteilnehmer, denn schon wieder steht eine Kuh vor uns auf der Straße herum und bleibt stoisch. Ganz gleich, wie hoch sich der Verkehrsknoten hinter ihr hupend und fluchend auftürmt.

Ohnehin ist alles unterwegs, was transportfähig ist und gerne kurz vor der Fahruntüchtigkeit (TÜV = Fehlanzeige) steht. Da wären Traktoren, Lkw, Rikshas (von Motor oder Mensch bewegt), Busse, Autos, Jeeps, Motorräder, Fahrräder und Karren, von Menschen, Ochsen, Fahrrädern oder Pferden gezogen. Und auf diese Transportmittel wird so viel wie möglich draufgepackt. Ob Kartoffeln, Heu, Eimer, Benzin, Milch oder Menschen. Da verwundern die mehr als 120.000 Verkehrstoten pro Jahr, die Hälfte davon Fußgänger, nicht, mit denen Indien als Spitzenreiter die weltweiten Statistiken anführt.

Mittlerweile machen wir ordentlich Dampf und sehen die Zeit bis zum Abflug knapp werden. Die Straßen und die Luft sind so schlecht, dass uns übel wird, zumal der Auspuff einen Teil der Abgase direkt nach innen zur Rückbank weiterzuleiten scheint. Das Schlimmste: Nach zehn Stunden Fahrt sind wir noch lange nicht da. Uns überkommt Panik! Und Übelkeit sowieso.

Als wir endlich in Mumbai einfahren, rückt die Abflugzeit bedrohlich nahe. Die Fahrer sind vollkommen orientierungslos und begeben sich auf Flughafensuche. Passanten, wen wundert es, schicken uns in verschiedene Richtungen. Ein Wunder, dass wir letztlich doch am Flughafen ankommen, fix und fertig.

Die Masseure, ebenfalls sichtlich erschöpft vom stundenlangen, mantraartigen »*please calm down, no problem, it is very close«,* sind froh, uns bald los zu sein. Daraus wird aber erst einmal nichts, denn der Unglücksrabe hat uns Unglücksraben zum falschen Flughafen gefahren. Wir sind am National Airport statt am International Airport. Ein neues Ticket würde richtig teuer und wir haben vorsorglich alles Geld ausgegeben.

Es geht also zurück in die Klapperkiste und dank wissendem Flughafenmitarbeiter recht zügig in die diesmal richtige Richtung. Irgendwann erreichen wir tatsächlich den Flughafen, grüngesichtig und nervlich am Ende. Und komplett hoffnungslos, da die geplante Abflugzeit schon längst überschritten ist.

Und dann zeigt sich Indien nochmal typisch: *»Everything is possible in India.«* Der Flug hat ein paar Stunden Verspätung und wir checken im letzten Moment ein. Die Autofahrt honorieren wir unüberhörbar und abgasvergiftet auf der Bordtoilette.

Schwache Nerven sind nichts für den indischen Straßenverkehr, das ist eindeutig. Chaos und lautes Gehupe stresst schon in normalen Höhenlagen. Aber wenn die Reise in den Himalaya geht – dann sind Drahtseile gefragt. Die Passstraßen sind eng und meist nicht für Gegenverkehr ausgelegt, der natürlich trotzdem kommt.

Ich erinnere mich an eine Szene, als ich mich in einem vollbesetzen Jeep in der 3.000er-Region auf einer solchen Straße befand. Gegenverkehr war nicht das Problem, sondern eher die Tatsache, dass ein Erdrutsch die Fahrbahn so gut wie weggeschwemmt hatte. Spätestens jetzt beginnt entweder der Nervenkitzel oder setzt die Todesangst ein. Während sich die indischen Mitfahrerinnen in den Abgrund übergaben, blickte ich allerdings merkwürdig gelassen und fast heiter hinunter. Rückwirkend kann ich mir das nur mit dem Sauerstoffmangel der Höhenluft erklären, denn uns trennten nur sehr wenige Zentimeter vom sicheren Tod.

Manche Regionen, so der Norden oder der Osten des Landes, erschließen sich nur mit dem Bus oder dem Taxi, da viele Gebiete nicht an das Zugnetz angeschlossen sind. Und Busfahren ist wieder eine ganz eigene Angelegenheit. Indiens Straßen sind teilweise top in Schuss, aber je entlegener die Region, umso unterirdischer der Straßenbelag, falls einer vorhanden ist. Von den 3,3 Millionen indischen Straßenkilometern ist nur die Hälfte asphaltiert – was allerdings nicht bedeutet, dass diese Hälfte auch in einem guten Zustand ist. Tiefe Schlaglöcher machen die Reise zur Tortur für den Hintern. Minisitze, für schmalhüftige Inder entworfen, sind eine weitere Herausforderung, vor allem wenn es sich um eine Nachtfahrt in einem simplem *local bus* handelt.

Mit Grauen erinnere ich mich an eine lange Nachtfahrt auf einem Sitz in DIN-A4-Format, neben mir ein nerviger und sich schlafend stellender Sadhu (Statt »Vier Fäuste für ein Halleluja« heißt es in Indien »Mit Dreizack und Shillum geht's zur Erleuchtung«, siehe Seite 151), der ständig auf mich kippte, weil er Körperkontakt suchte, draußen ein Sichelmond, ewig lange Dunkelheit und alle Nase lang Stopps. Weil ominöse Dinge auf der Straße lagen oder der Fahrer Tee kaufen wollte, wegen einer Reifenpanne oder des allgemeinen Pinkeldrangs. Für die Pinkelpausen wählte der Busfahrer gerne offenes Feld. Die Männer urinierten neben oder an den Bus. Wir Frauen hatten ein Problem.

Wie erholsam ist dagegen eine Zugfahrt. Was für ein Glück ist es, auf einer schmalen Pritsche unter staubigen Ventilatoren herumliegend durch Indien gefahren werden. Doch die unterschiedlichen Klassen haben einen erheblichen Einfluss auf die Zugfahrt. Schlimmer geht immer, wie in der indischen Gesellschaft, so auch im Zug, und zwar klassenlos. Hier hat sich eine Nachtfahrt in mein Gedächtnis eingebrannt, die ich todmüde vor der Klotüre (immer eklig) zubringen musste. Ich lag so, dass ich das Urinrinnsal im Auge behalten konnte, das sich je nach Zugbewegung gefährlich näherte. Es stank zum Himmel, war höllenlaut und morgens rotzten und würgten Männer neben mir (gilt als gesund), dass es mir die Gedärme umdrehte. Eine der ätzendsten Fahrten meines Reiselebens. Doch ich war jung und brauchte das Geld und wollte vor allen Dingen unbedingt und schnell von A nach B.

Klaustrophobie sollte keiner haben, der zur Rushhour mit einem Vorortzug fahren will. Menschentrauben hängen aus den Türen, klammern sich an die Waggons und sitzen auf dem Zugdach. Spätestens jetzt wird Überbevölkerung plastisch und direkt erfahrbar.

Nach all diesen Strapazen ist Fliegen ein unglaublicher Luxus. Da hört man gerne nonchalant über Durchsagen von Verlosungen, Spendensammeln (für den Betreiber?) und Werbedurchsagen hinweg. Auch hier gilt wie meist – mehr Geld zahlen, angenehmer reisen. (Achtung – das trifft nicht auf die Hotels zu, doch dazu an anderer Stelle mehr: »In Indien ist ein Hotel selten ein Palast, aber ein Palast manchmal ein Hotel«, siehe Seite 72)

Reisetipp

Setzen Sie sich möglichst nicht auf einen Fensterplatz, wenn eine Inderin vor Ihnen sitzt. Inderinnen vertragen oft das Gewackel und Geschaukel der Busse und Jeeps ganz schlecht und pressen sich stundenlang einen Stofflappen vor den Mund. Reicht das nicht mehr, wird der Zustand der indischen Straßen mit einem Schwall aus dem Fenster quittiert. Sitzen Sie dahinter und stimmt der Winkel ... Nicht schön, sage ich Ihnen, gar nicht schön.

Und rennen Sie nicht wie in der Schulzeit auf die hinteren Plätze des Busses. Was früher cool war, ist in Indien schmerzhaft. Nicht nur das Wachmachgetränk Red Bull, auch Schlaglöcher verleihen Flügel.

39

INDER HALTEN DEN WELTREKORD IM ÜBER- UND UNTERTREIBEN

Indien ist das Land der Superlative. Hier gibt's die meisten Götter, die schönsten Paläste, das beste Lassi und die meisten Rekorde. Das erscheint bei einer Bevölkerungszahl von 1,2 Milliarden nicht erstaunlich, doch tatsächlich sind die Inder verrückter nach Rekorden als andere Nationen. Vielleicht beflügelt von den Superkräften ihrer Götter, wie sonst ist es erklärbar, dass der siebenjährige Vasa Manishankar einen Maruti 800 c (Viersitzer, Gewicht: 650 kg, Maximum Speed: 140 km/h, Zylinder: 3, Hersteller: Maruti Suzuki) mit seinen Haaren (!) 24 Meter weit zog. Und das alles in 46 Sekunden. Laut eigener Aussage habe regelmäßiges Üben zu seinem Rekord geführt. Ob beim Üben eine garstige haarziehende Schwester beteiligt war, bleibt unbekannt.

Doch wie kam wohl Nilesh Babulal Parekh dazu, sich für eine Friseurtätigkeit ohne Schere zu entscheiden? Er fackelt die Haare mit einem Gasbrenner ab. Das sei viel besser für die Haarspitzen, weil so kein Spliss entstehe. Bei seinem erfolgreichen Rekordversuch brannte er 76 Leuten in 4 Stunden und 40 Minuten die Haare ab. Schon 1.000 Frauen haben sich so verschönern lassen, sagt er, aber das Erstaunlichste sei, dass sich keine jemals verbrannt habe. Umso erstaunlicher, weil er mit verbundenen Augen Haare schneidet, äh, brennt.

Und weil Inder Großevents lieben, gab es ein weltgrößtes Massenevent des Haarfärbens. 1.511 Schöpfe wechselten innerhalb von zwölf Stunden die Farbe, der Ammoniakgeruch der Färbemittel dürfte sämtliche Anwesende in die Höhen des Nirwana getragen haben.

Rekorde, die Anleihen ans alte Indien machen, nämlich an die Praktiken der Fakire und Sadhus, dürfen nicht fehlen. 118 Kilometer in 24 Stunden und 20 Minuten ohne Pause lief Rupom Bora. Als sei das nicht schon Herausforderung genug, lief er das Ganze dann gleich im Rückwärtsgang.

Was fehlt? Genau, über Feuer und Scherben gehen. Bhallamuni Rama Prasad ging während des heiligen Festes Shivaratri in 45 Minuten 27 Mal über Feuer, und sang Lieder zu Ehren Shivas, während Sachin Pawar einen Kilometer über Scherben und Nägel marschierte. Und weil die Götter die Menschen beflügeln, wurden 125.000 Reiskörner mit »Shree Rama« beschriftet, 175 Glasscheiben im Handstand mit dem Kopf zertrümmert und in einer Minute 57 Eier mit den Zehen zerknackt.

Dann gibt es Events wie eine hinduistische Hochzeit, die 3.000 Dörfler feierten. Die Braut war in einen fünf Meter langen, mit Goldfäden bestickten Sari eingewickelt und bedeckt mit Blumen. Der Bräutigam wurde in einer Prozession mit hunderten Augenzeugen und lautem Bimbamborium, also Musik, Feuerwerk und Tanz, in den Tempel geleitet. Reich beschenkt konnte das frischgebackene Ehepaar in den Hafen der Ehe einlaufen. Alles recht normal für indische Verhältnisse, nur handelte es sich bei den Angetrauten um zwei Affen.

5.630 Kinder verkleiden sich als Gandhi, 36 Räder fahren über einen Magen, 86 Kerzen werden mit einem Ausatemzug mit der Nase ausgeblasen und in einer »My friend the tree«-Kampagne 4.104 Schleifen um 1.035 Bäume gebunden.

Bei Kindern dürfte folgender Rekord gut angekommen sein: Der Rekordhalter platzierte jeweils eine Rupienmünze vor seinen Augäpfeln, stopfte sich 710 bunte Strohhalme in den Mund und trug währenddessen 25 Kilo Gewicht mit seinen Zähnen herum.

Apropos Kinder – Indien hat die wahrscheinlich weltgrößte Entwurmungsaktion durchgeführt. 270 Millionen Kinder wurden im Februar 2016 entwurmt, denn leider trägt auch im Wurmbefall Indien den Rekordtitel. Das sagt zumindest die indische Regierung, die den sogenannten »Nationalen Entwurmungstag« einführte.

Eine Erklärung, warum Rekorde in Indien so beliebt sind, könnte in der Demokratisierung des Landes liegen und der langen Zeit der Unterdrückung durch die britischen Kolonialherren und die oberen Kasten. Jetzt besteht die Chance, aus eigenem Antrieb und mit eigenem Können bekannt zu werden, und sei es durch die Fähigkeit, den Schmerz auszuhalten, den 190 Neonlichtröhren verursachen, die in einer Minute am Schienbein zertrümmert werden.

Aber generell heißt es in Indien – klotzen, nicht kleckern. Da wohnen statt 12 schnell mal 500 Affen auf dem Mangobaum, da kostet die Rikscha laut Fahrer plötzlich das Doppelte von einer Mercedes S-Klasse und bei einer Kumbh Mela, einem Massenfest, weiß keiner genau, wie viele da sind, angegeben werden 120 Millionen!

Eindeutig übertrieben wird bei der Preisgestaltung von Touristentand. Wahre Fantasiepreise werden aufgerufen. Der simple Indienbeutel kostet anfangs so viel, als sei er ein Einzelstück von Louis Vuitton. Am Ende dann weniger als ein Kilo Bananen. Und deshalb heißt es: handeln, handeln, handeln, was den Einkauf unendlich anstrengend macht. Zeit, Raffinesse und Kalkül sind gefragt und am Ende freuen sich dann beide: der Händler, der noch immer über dem Einkaufspreis verkauft hat, und der Käufer über das vermeintliche Schnäppchen.

Als ich in einem Antiquitätenladen eine schöne Statue von Ganesh zu einem mir realistisch erscheinenden Preis kaufen wollte und wir uns regelrecht stritten, gab der Verkäufer am Ende zu, dass er sie mir auf keinen Fall verkauft, auch wenn mein Preis eigentlich okay sei.

»I just wait until an American wants to buy it, they pay every sum.«

»Really, they pay every sum?«, frage ich nach.

»Yes, every sum«, nickt er und zeigt mir einen bronzenen Krishna, den er für 1.000 Dollar verkauft hat. Verächtlich verziehen wir beide die Mundwinkel. Der ist doch höchstens 500 Dollar wert, denke ich – der ist doch höchstens 50 Dollar wert, denkt er. Generell würden Europäer zu viel handeln, da zöge er lieber die ahnungslosen Amis vor.

Wenn einer reich werden kann mit dem Verkauf von Touristendevotionalien, dann ist das absolut in Ordnung. Das gerne und üblicherweise von naseweisen, jungen Backpackern vorgetragene »Handel runter wie blöd, sonst versaust du die Preise« bekommt dann aber doch ein wenig Sinn.

So wie das Yin zum Yang muss, gesellt sich zur Über- die Untertreibung munter dazu. »*It is only a little bit spicy*«, spricht der Kellner, bevor der Mund ausbrennt. »*Bus is arriving now*«, sagt der Ticketverkäufer, und in den nächsten drei Stunden ist kein Bus zu sehen. »*Just wait one minute*«, beschwichtigt der Angestellte im Internetcafé beim Stromausfall, der lange, sehr lange andauert.

»*No problem*«, sagen alle fortwährend, denn es gibt ständig größere und kleinere Probleme. Probleme, die manchmal gelöst werden und oft nicht, aber öfter ganz anders als naheliegend. Da Inder flexibel und findig sind und eiserne Regeln und Bürokratie brüchig, lösen sich Probleme dann doch überraschend oft. Allerdings erst, nachdem der Reisende schon alle Felle hat wegschwimmen sehen und einem Herzinfarkt erlegen ist. Aber weil einer der Umstehenden bestimmt Arzt ist, ist auch das *no problem.*

Praxistipp

Interessant für Schnäppchenjäger ist das »*morning business*«, das erste Geschäft des Tages. Der Verkäufer räumt freiwillig für sich einen geringeren Gewinn ein, da das Glück bringen soll für viele nachfolgende Verkäufe des Tages. Das kann aber auch ein Trick sein, um den Käufer weiszumachen, er sei der erste Kunde und erhalte einen Spitzenpreis (»*special price*«). Gehen Sie nicht geschockt davon, wenn der Preis schwindelerregend hoch ist. In der Regel bekommt man die Ware für weitaus weniger.

Gewöhnen Sie sich an die indientypischen Über- und Untertreibungen: Es wird vermutlich noch lange dauern, es wird sauscharf sein oder sehr weit weg.

Tauchen Probleme auf (und das werden sie), bleiben Sie möglichst ruhig. Manchmal hilft Beharrlichkeit, ein Geldschein oder eine Notlüge. Manchmal hilft aber auch einfach nichts.

Einsehen und in Würde abgehen ...

40
INDER LASSEN IHREN MÜLL EINFACH DRAUßEN

Hygiene, wer denkt da nicht unweigerlich an übereifrige Hausfrauen, die ihr Heim mit Meister Proper und Sagrotan sauber und keimfrei halten. Hygiene als etwas, von dem man weiß, aber selbst in Form von Sterilität Zuhause weder braucht noch will. Diese entspannte Einstellung ändert sich dann in Indien.

Im Vergleich zu dortigen Straßen lässt sich hier vom Boden essen. Kloaken und Pfützen stehen auf den Lehmgassen, die von Müll gesäumt werden. Direkt am Straßenrand befindet sich eine Pissrinne, deren in der Sonne verdampfende Schwaden in der Nase einen beißenden Geruch hinterlassen (übrigens bietet das auch Berlin, gehen Sie mal im Sommer über die Warschauer Brücke und Sie werden nasal nach Indien gebeamt). Häufig sieht der Reisende eine Aneinanderreihung öffentlicher Toiletten, die Türen aus den Angeln gerissen, Gestank zum Himmel. Vor einer Hüttensiedlung ein stehendes, schwarzes Gewässer, in dem Unrat schwimmt und sich trotzdem Menschen waschen. Direkt dahinter eine offene Müllkippe, die vor sich hin stinkt. Dabei dachten Sie bei Indien an Paläste, duftenden Jasmin und schöne Frauen in seidenen Saris? Sicher, gibt es alles. Aber weitaus mehr werden

Sie von den »unhygienischen« Zuständen des Landes beeindruckt sein.

Dabei geben sich die Inder große Mühe, ihr Heim sauber und rein zu halten. Nur vor der Haustür, da schaut's eben weitaus schlimmer aus als bei Hempels unterm Sofa. Entsprechend weit verbreitet sind Infektionen. Salmonellen-, Shigellen- und Typhuserkrankungen, Amöben, Lamblien und Wurmerkrankungen, Hepatitis A und E, Malaria und Denguefieber können Sie sich als langfristiges Andenken an Indien holen. Das Auswärtige Amt weiß da Rat: »Allgemeine Hygienemaßnahmen wie regelmäßiges Händewaschen oder Händedesinfektion nach dem Toilettengang und vor dem Essen und das Fernhalten von Fliegen von Nahrungsmitteln können die Gefahr einer Infektion vermindern.«

Sind Sie krank geworden, müssen Sie damit rechnen, dass Sie in den Apotheken gefälschte Medikamente erhalten. Mit etwas Glück helfen aber auch die.

Harte Fakten

Die unhygienischen Zustände führen zu Krankheiten und Infektionen. Jetzt macht, wie so oft, das Geld den Unterschied. Wer Geld hat, lässt sich in einer der sehr guten privaten Kliniken des Landes behandeln. Wer keines oder wenig hat, muss in eines der staatlichen Krankenhäuser. Hier stehen die Kranken in überfüllten Hallen Schlange, und das überforderte Personal weiß nicht, wo ihm der Kopf steht. Das Problem: Der Staat zieht sich weitgehend aus dem Gesundheitswesen zurück und überlässt das Feld dem privaten Sektor. Bereits 80 Prozent des Gesundheitswesens sind in privater Hand. Indien gibt nur knapp über ein Prozent des Bruttoinlandsproduktes für die Volksgesundheit aus, was weit unter dem Richtwert der Weltgesundheitsorganisation (WHO) liegt, die fünf Prozent empfiehlt. Verglichen mit Kuba, wo der Staat für 91 Prozent der Kosten der Gesundheitsausgaben aufkommt, sind es in Indien maue 29 Prozent. Eine Krankenversicherung wurde in den letzten Jahren eingeführt, aber bislang haben nur etwa 15 Prozent der Inder eine private oder staatliche Krankenversicherung abgeschlossen. Immerhin gewährt die staatliche Versicherung nun mehr als 35 Millionen armen Menschen eine Behandlung im Krankheitsfall, ohne dass es sie gleich finanziell ruiniert.

Gemeinsam mit der Deutschen Gesellschaft für Internationale Zusammenarbeit (GIZ) wurde ein System entwickelt, in dem der Staat den ausgewählten Armen einen Großteil des Versicherungsbeitrags zahlt. So können sich die Versicherten in den staatlichen oder privaten Krankenhäusern behandeln lassen.

Jüngst kamen ziemlich unethische Methoden der privaten Kliniken ans Licht. Durch unverhältnismäßig viele und meist unnötige Hysterektomien (Gebärmutterentfernungen), diagnostische Tests, OPs und über Medikationen haben die privaten Krankenhäuser eigennützig ihre Kassen gefüllt. Außerdem erhalten private Player der Gesundheitsbranche zunehmend die Erlaubnis für Ausbildungen im medizinischen Bereich. In ihren medizinischen Colleges werden Ärzte mit fragwürdiger Qualifikation ausgebildet.

Interesse besteht auf dieser Seite nicht, jene Gebiete zu unterstützen, in denen ein Ärztemangel zu verzeichnen ist (die National Rural Health Mission (NRHM) beziffert den Mangel an qualifiziertem medizinischen Personal in ländlichen Gegenden auf 60 bis 80 Prozent). Die schlechten hygienischen Bedingungen und daraus entstehende Krankheiten hängen eng mit mangelnder Aufklärung und Möglichkeiten zusammen. Daraus schlagen einige unseriöse Anbieter der Gesundheitsbranche Profit.

41

INDIENS DUNKELSTE SEITEN

Die Welt schaut gespannt auf Indien und seine rasante Entwicklung. Bilder von neugebauten Trabantenstädten, von modernen Laboren und hochtechnologischen Firmen, von schicken Indern in Jeans und Minirock nehmen immer mehr Raum ein. Und doch, wie es in der Brechtschen *Moritat von Mackie Messer* heißt:

Denn die einen sind im Dunkeln
Und die andern sind im Licht.
Und man siehet die im Lichte
Die im Dunkeln sieht man nicht.

Beleuchten wir die dunkle Seite. Richten wir den Blick auf die Auswüchse, denen Arme in Indien ausgeliefert sein können.

Es gibt zum einen die Schuldknechtschaft: Mangelt es an Geld, weil zum Beispiel die Ernte ausfällt, ein Unfall oder Krankheit medizinischer Behandlung bedürfen oder der Arbeitsplatz verlorengeht, muss man sich welches leihen. Weil die Einkommen, wenn sie denn zum Überleben reichen, niedrig sind, wird es mit der Rückzahlung schwierig. Leicht gerät der Schuldner dann in Schuldknechtschaft. Diese Form der modernen Sklaverei hält in Indien zehn Millionen Menschen gefangen. Geldverleiher, Grundbesitzer und Fabrikanten sind diejenigen, die Profit aus der Leibeigenschaft schlagen. Wucherzinsen zwischen 10 und 20 Prozent machen eine Rückzahlung des Kredits oft unmöglich. Dann müssen auch die Kinder ran. In Fabriken, Steinbrüchen oder auf dem Feld schuften sie für die Schulden ihrer Eltern, die von den Geldverleihern so lange wie möglich in Abhängigkeit gehalten werden. Kann im Laufe des Lebens der Kredit nicht zurückbezahlt werden, überträgt sich die Schuldknechtschaft auf die nächste Generation. Viele Kinder müssen ihr Leben lang arbeiten, um die Familienschulden abzuzahlen. Andere Kinder werden aus Verzweiflung an Grundbesitzer, Fabrikanten oder Menschenhändler verkauft.

Auch Prostitution ist weit verbreitet: Entführt, auf leere Versprechungen hereingefallen oder verkauft, diese Mädchen und jungen Frauen landen in Bordellen, wo sie mit Eisenstangen und Fäusten gefügig gemacht werden. Danach müssen sie 10–20 Mal am Tag Freier für je 1,60 Euro »bedienen«. Abgesehen von ihrer Gefangenschaft und Misshandlungen von Zuhältern und Freiern, sind sie der Gefahr von HIV und anderen Krankheiten ausgesetzt. Wird eine Prostituierte krank oder zu alt, wirft man sie auf die Straße. Offizielle Zahlen geben drei Millionen Prostituierte an, von denen 1,2 Millionen Kinder, auch Jungen, sind. Wie immer sind diese Zahlen geschönt. Man kann von bis zu 15 Millionen Prostituierten ausgehen.

Eine weitere besondere Form der sexuellen Ausbeutung ist die Weihung als Devadasi. Darunter versteht sich ein Mädchen, das einer Göttin geweiht wird und, kaum in die Pubertät gekommen, ihr Dasein als Sexsklavin fristen muss. Seltsamerweise haben die hochkastigen Männer kein Problem mehr mit der Berührung einer als unrein geltenden Dalit, wenn es um die Befriedigung ihres sexuellen Verlangens geht und sie die Mädchen missbrauchen. Diese rituelle Prostitution wird über den religiösen Kontext legitimiert. Indem die Familien eine ihrer Töchter den Göttern übergeben, erhoffen sie sich deren Segen, Glück und Reichtum. Die Priester verkaufen die Mädchen dann für ein paar Rupien weiter. Offizielle Zahlen geben 40.000 Devadasis in ganz Indien an, Hilfsorganisationen schätzen, dass es allein in Südindien 250.000 Devadasis gibt.

Und dann gibt es noch, last, not least – Hausmädchen: Reine Glückssache, bei wem die Mädchen landen, die oft erst im Teenageralter sind. Die Hausmädchen arbeiten weit über zwölf Stunden am Tag und sind den Familien in jeder Hinsicht ausgeliefert. Auch hier trifft es, wie bei allen anderen Formen der Sklaverei und Schuldknechtschaft, die Ärmsten der indischen Gesellschaft: die Dalits und die Stammesangehörigen.

Aber

Es gibt zahlreiche NGOs, indische und von außerhalb kommende, die an der Verbesserung der Situation der Armen arbeiten. Programme in den Bereichen Bildung, Gesundheit und soziale Gerechtigkeit helfen, Minderheiten zu stärken. Aufklärungskampagnen sollen einen Ausweg aus der Sklaverei und dem Menschenhandel ermöglichen und so der Ausbeutung entgegenwirken. Damit das Licht ins Dunkel dringt.

42
INDIEN IST BALD GEIERLOS

Noch in den 90er-Jahren gab es in Indien so viele Geier wie hier Menschen. 80 Millionen gefiederte Aasfresser zogen ihre Kreise am indischen Himmel und sorgten für die Beseitigung von totem Tier und sogar Mensch. Sie haben richtig gelesen: Mensch. Die zahlenmäßig kleine Religionsgruppe der Parsen glaubt an den ständigen Widerstreit von Gut und Böse. Der Tod gehört zum Bösen und deshalb gilt der Leichnam als verunreinigt. Um Erde, Wasser, Feuer und Luft nicht zu beschmutzen, ist es Tradition, die Toten den Geiern zum Fraß zu überlassen. Im Geiersturzflug sausen sie auf die nahe Mumbais gelegenen »Türme des Schweigens« herab und machen sich über die sterblichen Überreste her.

Doch jetzt haben Parsen, Vogelliebhaber und Geier ein Problem. Der Geier ist in seiner Population um 99 Prozent zurückgegangen, einige Arten stehen sogar kurz vor dem Aussterben. Schuld daran ist der Entzündungshemmer Diclofenac. Das kostengünstige Medikament wurde in den 90ern von indischen Bauern für ihre Milchkühe verwendet, und damit wurden die toten Tiere für die Geier giftig. Das Mittel löst bei den Raubvögeln Nierenversagen aus und führte so zu einem Massensterben. Ratten und Straßenhunde freuen sich über die Tierkadaver, von denen sie früher durch die imposanten Vögel mit bis zu zwei Metern Spannweite ferngehalten wurden, und vermehren sich jetzt rasant. Das bringt Krankheiten wie Tollwut, aber auch die Naturschützer auf den Plan. Die haben berechnet, dass eine Entsorgung von 60 toten Kühen pro Woche eine Anlage braucht, die wesentlich mehr kostet, als die dazu benötigten 300 Geierpaare. Im Naturschutzpark im Bundesstaat Maharashtra erhalten Geier nun staatlich verordnete Menüs in Form von Kuh, Schaf oder Ziege. Die Population erholt sich dort langsam, aber ob das Konzept langfristig sinnvoll ist, um die Geierpopulation so weit zu unterstützen, dass der Aasfresser wieder zum Straßenbild gehört, darf angezweifelt werden.

Außerdem ist das Problem noch nicht vom Tisch. Zwar ist mittlerweile das Medikament für die Veterinärmedizin verboten, doch in den Apotheken ist es frei verkäuflich. Ein paar Dosen zusammengenommen reichen dann auch für eine Kuh. So verwundert es nicht, dass noch immer sechs Prozent der verendeten Tiere mit Diclofenac verseucht sind, wie Kadavertests ergaben. Der Verseuchungsgrad ist so hoch, dass sich die Geierpopulation nicht erholen kann. Außerdem werden Bauern mittlerweile angehalten, ihre Tierkadaver zu verscharren oder mit Pestiziden zu besprühen, was die Fütterung der nachwachsenden Geier schwierig macht.

Übrigens

Von Diclofenac werden in Deutschland über 80 Tonnen pro Jahr verkauft. Das Medikament wird in Proben von Oberwasserflächen am häufigsten gefunden und führt bei heimischen Forellen zur Nierenschädigung, so Professor Reinhard Niessner vom Institut für Wasserchemie der Technischen Uni München. Da Diclofenac seit 2013 in Spanien und Italien für die Tiermedizin zugelassen ist, dürften auch die Tage der europäische Geier gezählt sein.

Man munkelt, dass nicht alle Menschen unglücklich sind über das Aussterben der Geier. Die nahe der »Türme des Schweigens« wohnenden Menschen sind wohl ziemlich erleichtert, dass nun keine Fleischklumpen mehr aus heiterem Himmel auf die Balkone fallen.

43

IN INDIEN KAUFT MAN FAHRKARTEN EXTRA LANGE

Die Zugfahrt mit einem der 14.000 Züge auf den 63.000 indischen Schienenkilometern beginnt, bevor sich die schweren Metallräder rhythmisch in Bewegung setzen. Wir müssen noch schnell ein Ticket kaufen. Schnell? Von wegen.

Nehmen wir an, wir wollen mit dem West Bengal Sampark Kranti Express von der New Delhi Railway Station (NDRS) nach Kolkata zur Sealdah Station (SDAH) fahren. Am Bahnhof (RW) angekommen, orientieren wir uns im Menschengewühl und wählen den Schalter mit der kleinsten Menschentraube. *Queuing* – das Schlangestehen – haben die Briten zwar eingeführt, aber es wird auf indische Art interpretiert, und so gleicht die Schlange eher einem amorphen Knäuel. Ellbogen und Durchsetzungskraft müssen eingesetzt werden, will man nicht andauernd nach hinten geschoben werden. Die nächste Hürde ist die Entscheidung, welche der 10 (!) Reiseklassen es sein soll (First Class AC-1A, Executive Class-1A, AC 2-tier sleeper-2A, First class-FC, AC 3-tier sleeper-3A, AC 3-tier economy-3E, AC chair car-CC, Sleeper Class-SL, Second Sitting-2S, Unreserved-UR). Ganz wichtig ist, dass das Formular ausgefüllt ist, das für den Erwerb des Tickets notwendig ist, sonst schickt einen der strenge Schalterbeamte zum Teufel, also wieder ganz nach hinten.

Auf Langstreckenfahrten ist ein Fahrschein mit Platzreservierung (PRS Ticket) in der Sleeper Class (SL) zu empfehlen, günstig und okay, wenn auch ein wenig herausfordernd (nicht-klimatisierter Liegewagen mit Sechsbettabteilen auf einer Seite des Gangs, auf der anderen Seite zwei Betten übereinander in Längsrichtung des Wagens).

Taktik und Kampfesgeist haben uns die Richtigen, also die Dünnen und Wehrlosen, zur Seite schieben lassen und wir erkämpfen uns die nächsten wichtigen Zentimeter. Irgendwann stehen wir tatsächlich am Schalterfenster. Wir öffnen den Mund, dabei die Arme jetzt weiträumig um den Schalter gelegt, um die Hände, die mit Geld in Richtung Schalterbeamter wedeln, abzuschirmen. Wir bringen noch ein »Namaste« oder »Hello« hervor und dann – dann steht der Schalterbeamte einfach auf und verschwindet auf Nimmerwiedersehen.

Es folgt ein Moment der Erstarrung zur Salzsäule. Dann, je nach Charakter – ein Heulkrampf, ein Wutausbruch, ein zerknirschter Rückzug. Behalten wir nun die Fassung, sind wir entweder Buddha oder Inder.

An den Schaltern nebenan sitzen Beamte, zählen Geld, studieren Akten, ordnen Unterlagen oder tun so, als ob sie irgendetwas davon täten. Trotzdem begeben wir uns zum nächsten Schalter, schaffen es erneut, nach vorne zu kommen, sind am Schalter, verlangen ein Ticket unserer Klasse und hören: Der Zug ist ausgebucht, schon seit Wochen. Gibt eine Alternative? Informationen gibt es hier nicht, *only tickets,* da drüben ist der Infoschalter. Also wieder hinten anstellen.

Die nächste Schlange, das Spiel beginnt erneut von vorne. Dann erfahren wir, dass in den nächsten zwei Wochen alle Langstreckenzüge ausgebucht sind. Ob wir ein Wartelistenticket kaufen wollen (WT Ticket)? Da der Wartelistenplatz 157 zu aussichtslos scheint, lehnen wir ab.

Nun haben wir eine weitere Chance, einen Fahrschein zu ergattern – Indian Railways hat nämlich in einigen Zügen ein kleines Ticket-Kontingent ausschließlich für ausländische Touristen reserviert, die Foreign Tourist Quota (FTQ). Dieses Ticket gibt es nur an Touristenschaltern in einigen größeren Städten. Wir haben Glück, so einen Schalter gibt es in Delhi, allerdings ziemlich versteckt im Obergeschoß. Jetzt heißt es aufgepasst, denn Schlepper versuchen uns unter trickreichen Aussagen in eines der privaten Reisebüros umzuleiten – mit kreativen Aussagen wie: »Der Touristenschalter ist geschlossen.« – »Dieser Teil des Bahnhofs darf nur mit Ticket betreten werden.« – »Es ist ein Sonderticket nötig, um den Bahnsteig zu betreten.«

Erreicht man den Touristenschalter, lauert die nächste Falle: Reisepass im Hotel vergessen. Vor der Buchung am Touristenschalter muss der Pass vorgelegt und ein Formular mit den gewünschten Reisedaten ausgefüllt werden. Leider sind auch diese Tickets ausverkauft und nun können wir nur noch auf ein Last Minute Ticket (Taktal) hoffen, das einen Tag vor der Abfahrt des Zuges auf den Markt kommt.

Um die Verwirrung komplett zu machen, gibt es noch Reservation Against Cancellation Tickets (RAC). Damit bekommen wir einen Platz im Zug, allerdings nur ein kürzeres Bett, das wir mit einem anderen RAC Passagier teilen müssen. Aber während der Fahrt sind wir automatisch auf der Waiting

List (WT) für ein normales Bett. Sollte spontan eines frei sein, informiert uns der Schaffner (TTE).

Indian Railway (IRCTC) bietet mittlerweile ein »Next Generation e-Tickting System« (NGET) an. Dafür ist eine Registrierung und für diese eine indische Handynummer nötig. Für die indische SIM-Karte benötigt man eine indische Adresse.

Allerdings: Gegen die Online-Buchung ist der Ticketkauf am Bahnhof ein Spaziergang!

Übrigens

Inder lieben Abkürzungen, aber das dürfte Ihnen nicht entgangen sein.

44

IN INDIEN FÜHREN ALLE WEGE ZUM GANDHI-MUSEUM

Manchmal ist es erleichternd, dass auf der Welt nicht alles wie am Schnürchen und reibungslos funktioniert. Alleine die Kommunikation ist ein Thema für sich.

Situation 1

- Aufgabe: Finden Sie das Gandhi Museum!
- Ort: Delhi
- Personen: Sie, 2 Eisverkäufer
- Temperatur: 37 Grad

Sie: »*Excuse me, do you know where the Gandhi museum is?*«

Beide: Schauen Sie mit großen Augen an.

Sie erinnern sich: Besser kurze Sätze verwenden, einfach kommunizieren. »*Gandhi Museum?*«

Beide scheinen Sie nicht zu verstehen, Sie wissen, das Museum muss ganz in der Nähe sein.

Sie, jetzt lauter, etwas hitzig, da Hitze: »*Gandhi Museum. Gandhi, GANDHI. You know: GANDHI! INDIA!*«

Keine Reaktion.

Sie: »*Mahatma!*«

EV1: »*Aaah, Gandhi.*«

EV1 zu EV2: »*Gandhi museum.*«

Sie, zu sich murmelnd: »Ach, das hatte ich ja noch gar nicht erwähnt ...« Und lauter: »*YES. Museum. Mahatma Museum. Gandhi. Where?*«

Beide: »*Gandhi Museum?*«

Sie, erleichtert und erfreut: »*Yes.*«

Beide, ebenfalls erfreut: »*Aaah, Gandhi museum is there.*«

Beide zeigen in genau entgegengesetzte Richtungen.

Sie gehen überfordert und hysterisch lachend in eine ganz andere Richtung ab.

Beide rufen hinterher: »*You want I scream?*« (icecream)

Situation 2

- Aufgabe: Finden Sie heraus, an welchem Tag der Tempel in Badrinath eröffnet!
- Ort: Tourist Office, Ort in den Bergen
- Personen: Sie, ein »*Tourist Manager*«
- Temperatur: 7 Grad

Sie: »*Hello.*«

Er: »*Good morning, Madam.*«

Sie verbessern sich: »*Good morning, Sir. I would like to know when the temple in Badrinath is opening.*«

Er: »*Badrinath, hmm.*«

Schweigen.

Sie: »*Is it on 6th or on 8th of this month?*«

Er: »*Sometimes 6th, sometimes 8th.*«

Sie: »*Yes, but this year, now. Is it 6th oder 8th?*«

Er, ausweichend: »*Possible.*«

Sie: »*Possible? Yes, possible. But when? Which date?*«

Er schlenkert vage mit dem Kopf.

Sie: »*Ok, you don't know it?*«

Er schlenkert mit dem Kopf.

Sie: »*Or you know it?*«

Er schlenkert mit dem Kopf.

Sie: »*And when? The date? 6th?*«

Er schlenkert entschlossener mit dem Kopf.

Sie interpretieren das als ein Ja.

Sie: »*6th?*«

Er: »*Yes.*«

Sie beißen sich auf die Zunge, doch zu spät: »*Or at 8th?*«

Er: »*Yes.*«

Sie: »*6th or 8th?*«

Er: »*Yes.*«

Sie: »*6th?*«

Er: »*Yes.*«

Sie: »*Really?*«

Er: »*Yes, really.*«

Sie: »*Thank you, Sir. Good bye.*«

Er: »*Good bye, Madam.*«

Sie, mit rauchendem Kopf abgehend.

Von wegen »*Yes, really*«. Die Templeröffnung ist dann erst am 8., aber besser zwei Tage zu früh, als zu spät dran zu sein.

Merke

- Vermeiden von Entweder-oder-Fragen!
- Sensibel sein, schon schnell ist eigentlich klar, dass er es nicht weiß (haben Sie wegen des Titels »Tourist Manager« keine allzu hohen Erwartungen).
- Feine Unterschiede der Gesten lernen, die auf den ersten Blick identisch aussehen (Kopfschlenkern unterscheiden lernen).
- Wissen, dass ein Nein als unhöflich gilt und Ihnen manchmal eher irgendetwas aufgetischt wird.
- Im Zweifelsfall den näherliegenden Termin wählen.

Tatsächlich kommt man mit Englisch verhältnismäßig gut durch. Als zweite Amtssprache neben Hindi ist es relativ weit verbreitet. 122 Sprachen gibt es in Indien, davon werden 22 als Amtssprachen der Bundesländer gelistet. Versiegen Sprachkenntnisse, helfen Gesten weiter (oder auch nicht). Zu Missverständnissen kommt es bei Thema Ja/Nein, das sieht nämlich ziemlich identisch aus. Ein Hin- und Herschlenkern des Kopfes bedeutet Ja, kann aber leicht mit dem Nein verwechselt werden, das sehr ähnlich aussieht. Manchmal wird es durch ein kurzes Nicken des Kopfes in Richtung Schulter und manchmal mit einem kurzen Schnalzen untermauert. Da aber Nein als Antwort als unhöflich gilt, ist es oft Glückssache, wie Sie die Antwort interpretieren. Die Chancen stehen 50:50, dass Sie richtig liegen. Das hat schon manchen Touristen an den Rand des Nervenzusammenbruchs getrieben, sodass ein Akronym unter einigen jungen Indienreisenden lautet: »**I**'ll **N**ever **D**o **I**t **A**gain!«

45

IN INDIEN IST DES EINEN FREUD, DES ANDREN LEID

Am Abend vor der Hochzeit begutachtet Ashanti nachdenklich die Möbel und Kisten, die sich vor dem Haus türmen. So viel ist sie also wert, sinniert sie. Und wie wird ihr Ehemann sein, sie hat ihn ja nur dreimal gesehen. Klein ist er und nicht sehr hübsch, aber hoffentlich nett. Es ist ihre letzte Nacht im Haus ihrer Eltern, ab morgen wird sie Teil einer neuen Familie. Etwas unbehaglich ist ihr zumute, ab morgen ist sie auf das Wohlwollen ihrer Schwiegermutter angewiesen. Nicht nur aus den Bollywoodfilmen kennt sie Geschichten der Demütigung und Peinigung, bis endlich ein Sohn geboren wird.

Vor dem Haus drückt der Lkw-Fahrer ungeduldig auf die Hupe. Er wird die Mitgift zum Bräutigam und seiner Familie fahren. Die Liste der gewünschten Dinge war lang: eine gesamte neue Wohnzimmereinrichtung, Goldketten, Saris, ein Kühlschrank, zwei Flachbildschirm-TVs, eine Klimaanlage, zwei Elektroherde und zwei Stereoanlagen. Außerdem steht ein weißer Kleinwagen für den Bräutigam bereit. Das alles erzählt sie mir an jenem Abend, denn ich wohne im Haus gegenüber und wir kommen ins Gespräch, weil ich mich über den Möbelberg wundere. Kurzerhand werde ich zur Hochzeit am nächsten Tag eingeladen, die bunt und wunderbar ist. Als mich der Vater nach der Hochzeit auf seinem Mofa nach Hause fährt, sehe ich im Spiegel, wie ihm die Tränen über die Wangen laufen. Er weint über den Verlust seiner Tochter, die nun zu einer neuen Familie gehört, denn natürlich lieben indische Väter ihre Töchter, auch wenn die Mitgift sie mehr als teuer zu stehen kommt.

Obwohl die Mitgift seit 1961 offiziell verboten ist, existiert sie nach wie vor. Mitgiftzahlungen sind immer ein finanzieller Kraftakt für die Familien der Mädchen, da die Forderungen irrsinnig hoch sind. Das kann den finanziellen Ruin bedeuten, vor allem, wenn die Familie von der Hand in den Mund lebt. Schnell gerät sie dann in die Schuldenfalle, aus der es oft kein Entkommen gibt. Aus diesem Grunde steht die Geburt eines Mädchens unter einem dunklen Schatten. Wer ein Mädchen hat, der zahlt, wer einen Jungen hat, kassiert. Um die Mädchen schnell loszuwerden, sind Kinderehen nicht selten. Eine Umfrage der Regierung kam zu dem Ergebnis, dass 48 Prozent der 20- bis 24-jährigen Frauen verheiratet wurden, bevor sie 18 Jahre alt waren, 5 Prozent waren sogar jünger als 15.

Obwohl der Bollywoodfilm die Liebesheirat beschwört, ist sie selten. Wer sich gegen seine Eltern durchsetzt, muss untertauchen und lebt in der Gefahr, Opfer eines Ehrenmordes zu werden. So werden fast alle Hochzeiten von den Eltern arrangiert. Ausgewählt wird nach Familienhintergrund, Kaste und/oder Beruf. Außerdem wird der Astrologe konsultiert. Der muss das Okay geben, sonst kann die Ehe nicht gutgehen, da sie unter keinem guten Stern steht.

Heutzutage können sich Kinder liberaler Familien schon mal vor der Hochzeit treffen, ein großer Teil sieht den zukünftigen Ehepartner bei der Hochzeit das erste Mal. Das nimmt man ziemlich gelassen, denn die Liebe komme mit den Jahren, so die allgemeine Ansicht. Außerdem sei die Vermählung der Startschuss, um eine Familie zu gründen, und diene hauptsächlich zur Lebensabsicherung. Allzu romantische Vorstellungen sind da fehl am Platz und werden gänzlich zunichte gemacht, wenn Sie das Kapitel »Der indische Ehemann wird wie einen Grashalm-Gott verehrt« lesen, siehe Seite 82.

Ashantis Zukünftigen fanden die Eltern über eine Anzeige in der *Times of India.* Dort lesen sich die Anzeigen etwa so:

»24-jähriges, hübsches Mädchen mit hellem Teint und gutem Familienbackground sucht Doktor, Geschäftsmann oder Industriellen aus derselben Kaste. Software-Ingenieure bitte nicht melden.«

»Geschäftsmann für 23-jähriges Mädchen aus guter Familie gesucht. Brillenträgerin Stärke 4, ein Bein etwas kürzer, aber kann alle Arbeiten verrichten. Kaste kein Hindernis.«

»Ehrliche, liebreizende Lebenspartnerin für hübschen, fürsorglichen Jungen gesucht. Sexuell unfit wegen Stress der vorangegangenen Scheidung (heilbar). Kaste kein Hindernis. Bitte keine Facebook-Userin.«

»Witwer, 47, sieht aus wie 39, 1,65 groß, Gewinner der Schachmeisterschaft von Uttar Pradesh 1994, sucht anpassungsfähige alte Jungfer mit gutem Familienhintergrund, die gebärunfähig oder sterilisiert ist.«

46

Indiens Weltkulturerbe macht unhappy in Hampi

Leicht könnte man annehmen, es sei etwas grundweg Positives, wenn ein Ort die Auszeichnung der Unesco als Weltkulturerbe erhält. Dass menschliche Tragödien dadurch ausgelöst werden können, ist die andere Seite der Medaille.

Nach 20 Jahren bereise ich wieder Hampi. Ich habe es in zwiespältiger Erinnerung. Schwer krank quälte ich mich damals tagelang in einem dunklen Zimmer herum, Bauchkrämpfe und Ergüsse aus unterschiedlichen Körperöffnungen waren meine zuverlässigen Begleiter in jenen Tagen. In ausgezeichneter Erinnerung hingegen habe ich die Magie des Ortes. Die ehemalige Hauptstadt des Königreiches Vijayanagar besteht nur noch aus einer Straße, dem belebten Main Bazar und jeder Menge Tempel, die in einem Umkreis von mehreren Kilometern von der einstigen Strahlkraft der Stadt zeugen. Die Landschaft bezaubert durch bizarren Reiz. Runde rötliche Felsen bilden aufeinandergetürmt Berge. Reisfelder, Flüsse und Tempelruinen an jeder Ecke geben Hampi jene besondere Atmosphäre, die es seit Jahrzehnten zum beliebten Reiseziel macht.

Als ich ankomme, trifft mich der Schlag. Der ehemals quirlige Main Bazar ist einer leblosen Ausgrabungsstätte gewichen. Wo noch vor wenigen Jahren, nämlich bis 2011, indische Familien neben Ruinen lebten und wo sich einige Familien dank der Touristen eine Existenz aufbauen konnten, herrscht gähnende Leere. Die indische Regierung hat ihre umstrittenen Pläne durchgesetzt und Hampi zum Weltkulturerbe erklären lassen. 26 Quadratkilometer sollen abgeriegelt den von der Unesco verliehenen Status sichern. Das hieß für die Bewohner Hampis das Ende ihrer bisherigen Existenz. Bulldozer kamen und walzten gnadenlos alles nieder, was nicht Hunderte von Jahren alt war. Moderne Häuser, kleine Shops und Buden, alles wurde dem Erdboden gleichgemacht. Keine Straßenhändler mehr, die Mangos anbieten und Snacks frittieren. Keine Frauen, die geschälte Nüsse oder Opfergaben verkaufen. Kein Leben mehr in der Straße von Hampi.

Die vertriebenen Bewohner bekamen eine geringe Ausgleichssumme von 130.000 Rupien. Das ist nicht genug, um Land zu kaufen und Häuser zu bauen, außerdem hatte man den Leuten die Lebensgrundlage zerstört. Ganz abgesehen davon lag die einzigartige Besonderheit Hampis in den belebten Ruinen. Eine menschenleere Besichtigungsstätte ist recht reizlos und traurig, besonders wenn die Folgen für die ehemaligen Bewohner offenkundig sind.

Das werden sie für mich, als ich einen Spaziergang mache und in ein vier Kilometer entferntes Dorf komme. Ich setze mich auf eine Mauer und komme mit einem Mann ins Gespräch. Es stellt sich heraus, dass das idyllisch wirkende Dorf neu errichtet wurde und ein Teil der Bewohner Hampis jetzt hier wohnt. Der Mann klagt mir sein Leid. Er habe ein kleines Haus gehabt und als Bootsführer Touristen über den Fluss gesetzt. Jetzt müsse er wieder auf die Bananenplantage und sehr hart arbeiten. Überhaupt würde es den Menschen im neuen Dorf schlecht gehen. Viel zu wenig Geld sei bezahlt worden, verjagt worden seien sie und niemand würde sich darum kümmern. Aber so sei das mit den Armen in Indien eben.

Niedergeschlagen gehe ich in mein Hotel, das sich in einer neuen Touristenmeile jenseits des Flusses, an dem Hampi liegt, befindet. Und abermals erkranke ich. Diesmal ist es Fieber mit einer ausgewachsenen Erkältung. Als ich wieder zu Kräften komme, laufe ich entlang der Touristenmeile, die nahtlos in ein ärmliches Dorf übergeht. Männer und Frauen räumen Mauersteine weg und ich frage unbedarft, ob sie ein Haus bauen. Ein Mann mittleren Alters antwortet, sie seien dabei, die Trümmer ihres Hauses wegzuräumen. Seine Augen röten sich. Nur einen kleinen Raum dürften sie behalten, den Rest hätten Bulldozer vor einer Woche kaputtgewalzt, wie überall im Dorf. Als ich mich umschaue, sehe ich überall Trümmer, zerstörte Dächer, Ruinen. Sein Großvater habe das Haus vor 50 Jahren gebaut und jetzt komme die Regierung und mache es kaputt. Außerdem dürften sie kein Geschäft mit Touristen machen, sie sollten aufs Feld gehen, dafür könnten sie auf dem Land bleiben. Erschüttert gehe ich weiter. Überall sehe ich Trümmer, traurige Mütter, verzweifelte Väter.

Auf der Touristenmeile frage ich nach, warum denn die Regierung nicht die Guesthouses und Hotels zerstört habe, die sich ja genauso innerhalb des geschützten Weltkulturerbe-Radius befänden. Ein Hotelbesitzer erklärt mir, dass sich die Besitzer zusammengeschlossen und einen Anwalt beauftragt hätten. Solidarität mit den Armen aus dem Dorf gibt es keine. Eher noch Sprüche, sie seien selber schuld, sie hätten das Land nur als Bauern von der Regierung bekommen und nicht, um ein Zimmer an Touristen zu vermieten. Ihr Fall gehe nun an eine andere Instanz. Die Armen wären eben zu ungebildet gewesen, um einen Anwalt einzuschalten. Und bezahlen könnten sie das ohnehin nicht.

In Momenten wie diesen geht der indische Zauber gänzlich dahin. Zurück bleibt ein Land, das rücksichtslos und unerbittlich ist, in dem die Armen seit Jahrtausenden rechtelos sind und Opfer bleiben.

47

In Indien hängen die Puppenspieler jetzt selbst an den Fäden

»Es war einmal ein Slum, in dem ich wohnte. Zugegeben, er war etwas dreckig, doch wir waren eine gute Gemeinschaft, die sich half, und außerdem lebten wir miteinander. Ja, es war schön damals, bis die Bulldozer kamen. Die Menschen weinten und versuchten, ihre Habseligkeiten vor den eisernen Zähnen der Maschinen zu retten. Es war ein Chaos und nichts sollte mehr so sein wie es einmal war ...«, so könnte eine Geschichte beginnen, die in ein paar Jahren ein Geschichtenerzähler aus Kathputli Colony erzählt. Denn in Delhi soll wieder mal ein Slum, Lebensraum der Ärmsten, abgerissen werden. Das ist nichts wirklich Neues, denn Slumzerstörungen haben eine lange und traurige Tradition. Weil die Slumbewohner im Land keine Stimme haben, geht das meist reibungslos vonstatten. Anders im Fall des Kathputli Colony Slum mit seinen außergewöhnlichen Bewohnern, die demonstrieren und sich zu Wehr setzen.

Vor 60 Jahren siedelten sich hier Puppenspieler aus Rajasthan an und machten das morastige, dicht bewachsene Land bewohnbar. Immer mehr Künstler kamen aus allen Teilen des

Landes, die in Delhi mit ihren Künsten auf Arbeit hofften. Magier, Akrobaten, Tänzer, Geschichtenerzähler, Bildhauer und Musiker, später auch Bauarbeiter, Müllmänner und Toilettenreiniger. Zwölf Gemeinschaften mit ihrem jeweils eigenen Vorsteher leben hier heute in einer quirligen Künstlergemeinschaft, Kathputli Colony genannt. Aber wie so oft hat die Regierung Pläne und das verheißt nicht unbedingt Gutes.

Im Namen der »Slumentwicklung« veranlasste die Delhi Development Authority (DDA) einen Kuhhandel mit einem privaten Bauunternehmen. Dieses hat das Land zu einem Spottpreis erlangt, um dort mehrgeschossige Appartementkomplexe für insgesamt 3.200 Familien zu bauen. Nach der Fertigstellung darf das Unternehmen Shopping Malls und weitere Wohnblocks bauen.

Nicht zu Unrecht sind die Bewohner skeptisch. Sie zweifeln daran, jemals wieder zurückkehren zu können. Während der Bauphase sollen alle Bewohner in dem zwölf Kilometer entfernten Transitcamp unterkommen. Menschenrechtsaktivisten berichten, dass bis heute nur 500 Familien in diesem Camp wohnen.

Exemplarisch ist der Ablauf des Projekts. Niemand hat im Vorfeld die Bewohner nach ihren Wünschen und Bedürfnissen gefragt. Sie fühlen sich zu Recht ungehört und übergangen. Der Prozess der Appartementverteilung wurde den Bewohnern nicht ausreichend erklärt und außerdem beklagen sie die Intransparenz des Projekts. Dabei sind sie nicht per se dagegen. Doch ohne eine schriftliche Garantie für ein Appartement sehen sie schwarz und wollen nicht umsiedeln. Einer der Bewohner des Transitcamps beklagt, dass der Platz viel zu klein sei, um eine Familie zu beherbergen. Außerdem sei kein

Raum da, um ihre Künste auszuüben. Es gäbe weder Ateliers noch Probebühnen oder Lagerräume. Zurück könnten sie auch nicht mehr, da die Leute der alten Künstlergemeinschaft sie als Verräter sähen, seit sie vor zwei Jahren ins Transitcamp umgezogen seien.

Auf dem Gelände des Slums haben noch immer keine Bauarbeiten begonnen. Die Stadtentwicklungsbehörde DDA hält sich zurück. Und das Bauunternehmen beschwichtigt floskelhaft: »Natürlich nehmen wir alle Probleme zur Kenntnis und mögliche Lösungen werden in Betracht gezogen.« Diese Formulierung sagt schon alles.

Die Geschichte vom Anfang könnte durchaus so enden: »Leider gehöre ich zu denen, die kein Appartement zugeteilt bekamen. Jetzt lebe ich und viele andere aus der Colony auf der Straße. Auf dem Gelände stehen Wohnblocks, hochgebaut bis in die Wolken. Toiletten haben die Leute jetzt, darum ging es der Regierung ja angeblich. Doch die sind oft kaputt und keiner kann sie reparieren. Die Menschen sind nicht mehr draußen, es gibt keine Gemeinschaft mehr. Und in die Shopping Center dürfen wir nicht rein, weil wir ohnehin kein Geld haben. Drum, Leute, merkt Euch die Moral von der Geschicht', vertraue der Allianz aus Regierung und Bauunternehmer nicht.«

Harte Fakten

Entwicklung der Slums in den Metropolen Indiens heißt heutzutage, die Städte zu säubern und die Armen an die Außenränder zu verfrachten. 2010 zum Beispiel wurden zahlreiche Slums in Delhi plattgewalzt, um den ausländischen Besuchern der Commonwealth-Spiele eine saubere Weltstadt zu präsentieren. Statt Integration der Armen setzt die Regierung auf die Zerstörung der Slums und verkauft die Vertreibung der Bewohner mit dem Slogan »Entwicklung der Slums«. Das New Delhi Housing and Land Rights Network (HLRN) versucht seit 2013, diese Entwicklung zu dokumentieren. 60.000 Menschen wurden seitdem gewaltsam aus den Häusern und Hütten vertrieben. Die Gründe dafür reichen von Straßenverbreiterung bis zu Stadtverschönerung. In der Regel bekommen die Vertriebenen kein Obdach zugewiesen, sondern werden sich selbst überlassen.

Laut der Volkzählung von 2011 leben 13,75 Millionen Haushalte in Slums, die Dunkelziffer dürfte weitaus höher liegen. Es ist ein großes Ziel, ein slumfreies Land zu errichten. Die lautesten Stimmen kommen von denen, die am meisten davon profitieren: Bauunternehmer und Politiker.

In ihrem Essay *Maximum City, Mimimum Shelter* schreibt Usha Ramathan treffend: »Die indische Stadt bekommt ein neues Image, sie soll ein Shanghai oder ein Singapur oder generalisiert eine ›Weltstadt‹ werden. Als Folge gibt es dort keinen Platz mehr für die Armen und deren erbärmlichen Behausungen. Die Slumbewohner werden als Menschen charakterisiert, die sich Land unrechtmäßig einverleiben, da es illegal besiedeltes Regierungsland sei, was die epidemisch betriebenen Zerstörungen der Slums, die gegen die Armen losgetreten wurden, zu legitimieren versucht ... damit hat man den Slumbewohner von der Illegalität der Kriminalität zugeführt.«

Der Protest in der Künstlergemeinschaft Kathaputli Colony, deren Dachorganisation sich »Kooperative der verlorenen und vergessenen Künstler« nennt, ist Symbol einer Entzweiung vom indischen Staat und seinen Bewohnern. Was augenscheinlich als Slumzerstörung stattfindet, ist ein systematischer Prozess, durch den sich graduell die Demographie in den Städten ändern soll. Die Hygiene- und Sanitätsaktionen der indischen Städte werden auf Kosten der Armen ausgetragen (zu deren Wohl sie angeblich durchgeführt werden). Was als Hilfe verkauft wird, entpuppt sich als Vertreibung und zunehmende Ausgrenzung der Armen. Zynismus pur.

48

INDER LIEBEN TOURISTEN – WIRKLICH

Der gemeine Tourist, also Sie, werden sehr freundlich und mit offenen Armen empfangen. Man reißt sich geradezu um Sie. Manchmal bricht sogar ein kleiner Tumult aus, wer den werten Reisenden fahren, führen, füttern darf. Die vielen Hände, die sich Ihnen hilfsbereit entgegenstrecken, wollen am Ende aber oft nur eines – Ihr Geld. Da steht ein ganzes Riesenheer von geschäftstüchtigen Indern bereit, das nur darauf wartet, dass Sie das Land betreten. Abzocke gibt's ab dem Flughafen und endet am Flughafen. Taxi, Hotel, Sightseeing, Saris, Parfüm, Teppiche und ohnehin fast alles, was sie kaufen. Es wird zur täglichen Routine, einen angemessenen Preis auszuhandeln. Im Laufe der Reise versuchen Sie findig zu sein, es gelingt Ihnen nur begrenzt. Hinzu kommen ganz unverblümte Anfragen nach Ihrem Geld, und damit meine ich nicht die Bettler. Nicht leicht, vor allem, wenn die Moralkeule dazu kommt. Können Sie es verantworten, wenn der Onkel stirbt, weil er kein Geld für Medizin hat? Existiert dieser Onkel überhaupt? Sie werden es nie erfahren.

Doch zurück zum Flughafen. Sie setzen sich in ein Taxi. Müde vom langen Flug, wünschen Sie sich nur, schnell ins

Hotel zu kommen, aber sobald Sie im Taxi sitzen, sind Sie in des Fahrers Hand. Halsbrecherisch fährt er Sie durch die halbe Stadt und hängt womöglich ungefragt eine Sightseeing-Tour dran. Die wird am Ende der Fahrt dann erst in horrende Rechnung gestellt. Auch möglich, dass er Sie unbedingt davor bewahren will, in das von Unruhen erschütterte Stadtviertel zu gelangen, wo ihr Hotel steht (besser stand, es ist in der Nacht abgebrannt), und Sie stattdessen in ein anderes Hotel (»best hotel, very cheap«) fahren will, das ganz in der Nähe ist. Das zweifeln Sie nach einer weiteren Stunde Fahrtzeit an. Zu Recht, denn das Hotel erweist sich weder als *cheap*, noch *best* und wird, welch Zufall, vom Cousin, Onkel, Freund geleitet, was sie aber erst beim Aussteigen oder nie kapieren.

Sie werden vermutlich auch die Erfahrung machen, dass Inder Sie davor bewahren möchten, zu teuer einzukaufen. Wie gut, dass er den besten und günstigsten Laden kennt, in den er Sie sogleich führt und wo ihm vom Besitzer heimlich ein paar Rupien zugesteckt werden. Einige nette Begegnungen und Gespräche entpuppen sich am Ende als ein Versuch, an Geld zu kommen. Andere nicht.

Fakt ist – für viele Inder sind wir ein dickes Geldbündel auf zwei Beinen. Insgesamt wird Ihnen großes Wohlwollen und Freundlichkeit entgegengebracht, aber da viele Menschen arm sind und Sie reich, will man ein klein wenig abhaben.

Aber

Enttäuschung und ein schaler Beigeschmack sind unvermeidbar, wenn am Ende einer netten Unterhaltung die

Frage nach dem Geld steht. Vor allem, wenn Sie sich sicher sind, das dieses Gespräch diesmal nur aus Interesse und Sympathie geführt wurde. Aber das muss sich ja nicht ausschließen. Warum nicht das Angenehme mit dem Nützlichen verbinden, wird sich so mancher denken. Inder mögen Touristen meist wirklich und sind stolz, dass jemand ihr Land besucht. Sie sind in der Regel neugierig auf Sie, freundlich und Ihnen wohlgesonnen. Die Schwierigkeit liegt im Umgang mit Ihrer Enttäuschung, wenn am Ende der Begegnung die Frage nach Geld steht. Sie werden aber genauso oft die Erfahrung machen, dass man einfach interessiert ist und mit Ihnen reden möchte oder Ihnen aus reiner Freundlichkeit hilft.

Abzocke ist etwas anderes. Bestehen Sie auf dem ausgehandelten Preis für die Taxifahrt. Lassen Sie sich ungefragt keine Sightseeing-Tour aufdrücken, die dann saftig kostet. Und glauben sie niemals, dass ihr gebuchtes Hotel gerade abgebrannt ist.

49

In Indien simulieren die Ärzte und nicht die Kranken

Es begab sich mitten in Südindien. Iris genoss Ihren Yogakurs in vollen Zügen. Mitten im abwärts schauenden Hund streckte sie ein Schwächeanfall nieder. Entkräftet und fiebrig schleppte sie sich zum Arzt. Das Ergebnis eines Bluttests ließ ihr selbiges in den Adern gefrieren: Malaria.

Der nette Arzt nahm sie sofort im Untergeschoß seines Hauses auf, in dem er ein kleines Krankenhaus betrieb, und begann mit der Therapie. Die erfolgte mit pharmazeutischen Malariahämmern, Tabletten mit starken Nebenwirkungen wie Halluzinationen oder Haarausfall. Davon blieb Iris zwar verschont, nachts aber weinte sie sich verzweifelt in den Schlaf, die Worte der Versicherungsangestellten im Ohr: »Natürlich könnten wir Sie nach Hause fliegen, aber bleiben Sie besser, wo Sie sind. Die kennen sich da unten doch gut mit Malaria aus. Schicken Sie uns einfach die Rechnung.«

Das Hospital bestand aus einer kleinen tristen Kammer, in die Iris mit ihrer Malaria einquartiert wurde und in der sie die folgenden zwei Wochen liegen sollte. Zweimal am Tag öffnete sich die Türe und ein Mann schob ihr fades Essen ins Krankenzimmer. Der Rest des Tagesprogramms: Fliegen beobachten und für baldige Genesung beten. Der Arzt plauderte gerne über Europa und wie beneidenswert es doch sei, dass sich die Menschen dort ihre Partner aussuchen könnten. Er sei mit einer grausigen Frau verheiratet, die er am liebsten verlassen würde.

Die Althippieeltern, in der Not herbeigerufen, wimmelten sie ab mit: »Äh, Indien, ach nein, lieber nicht. Schreib uns bitte eine Mail, wenn Du wieder gesund bist. Tschüüüssss.«

Um dem Krankenkerker zu entkommen, schlich sich Iris ins Internetcafé und kam dort zufällig mit einem deutschen Arzt in Gespräch. Wie Malaria höre sich ihr Krankheitsbild nicht an, konstatierte er. Iris beschloss die Flucht und machte sich auf schwachen Beinen davon. Tausend Kilometer weiter nördlich wagte sie einen erneuten Bluttest: von Malaria keine Spur. Iris war außer sich vor Wut und sann nur auf eines: Rache!

Der sympathische Arzt hatte sie absichtlich falsch diagnostiziert, um ihre Versicherung abzuzocken. Sie stellte ihn am Telefon zur Rede. Der gab sich ahnungslos und versuchte sie abzuwürgen. Doch so leicht gab sich Iris nicht geschlagen. Sie forderte die Hälfte der Betrugssumme. Der Arzt wehrte ab. Da griff sie zum letzten Mittel: Wenn er nicht zahlte, würde sie seiner Frau berichten, dass er sie gar nicht haben wollte, und seiner Familie erzählen, sie hätten ein Verhältnis gehabt.

Kleinlaut gab der Arzt bei. Eine Reisebekanntschaft war auf dem Weg in den Süden, der sollte die Übergabe regeln. Fünf Wochen später erhielt Iris ein prall gefülltes Couvert und blieb, mittlerweile gesundet, mit der Hälfte der Versicherungsbetrugssumme gleich noch einen Monat länger in Indien.

Übrigens

Zehn Jahre später – Iris, mittlerweile mit meinem Cousin verheiratet und Mutter zweier Kinder, kehrt an den Ort ihrer Prüfung zurück. Diesmal läuft es für sie gesundheitlich gut unter der indischen Sonne, dafür erwischt es die lieben Kleinen. Durchfall und hohes Fieber legen beide kleinen Kinder in der Hitze flach, und dort dörren sie die nächsten vier Wochen vor sich hin. Abgemagert und schwach, wie kleine Skelette, steigen sie aus dem Flugzeug.

»Nie mehr Indien mit Kindern!«, da ist sich Iris sicher. Und sie hat Recht, Indien mit Kindern ist mit Vorsicht zu genießen. Zu viele ungewohnte Bakterien lassen Kinder schnell erkranken.

50

INDIEN WIRD DEN TERROR NICHT LOS

»Lange bevor der Terror nach Europa kam, haben wir indische Terrorexperten den MI6 gewarnt, dass der Terror über die Einwanderer nach England kommen werde. Aber sie dachten, Terrorismus ist ein indisches Problem, das weit weg ist, und haben uns ignoriert. Als dann in London 2005 die Anschläge stattfanden, standen sie auf einmal da und wollten unseren Rat«, sagt Colonel Mahendra Pratap Choudhary, Terrorexperte und ehemaliger Einsatzleiter der Antiterroreinheit Black Cats. Heute arbeiten die europäischen und amerikanischen Geheimdienste eng mit dem indischen Geheimdienst zusammen, denn der Terror ist längst in der westlichen Welt angekommen.

Attentate in Indien werden sofort mit dem verfeindeten Nachbarland Pakistan assoziiert, mit dem es im Clinch über Kaschmir liegt. Seit der Unabhängigkeit 1947 und der willkürlichen Grenzziehung der Engländer kam es zur Aufteilung des ehemaligen Fürstenstaates Kaschmir, das sowohl Indien als auch Pakistan ganz für sich beanspruchen.

Eine besondere Rolle hinsichtlich der Entwicklung des Terrorismus in Indien spielt die Zerstörung der Babri Moschee in Ayodhya. Diese Moschee war in der ersten Hälfte des 16. Jahrhundert auf den Mauern eines ehemaligen Hindutempels errichtet worden, in dem vor 900.000 Jahren der Gott Rama geboren wurde, so die Mythologie. Anhänger der hindunationalen Organisationen RSS, VHP und BJP (Kapitel »In Indien werden Elefantenköpfe transplantiert«, siehe Seite 45) zerstörten die Moschee im Jahr 1992. Der Aktion ging jahrelange Agitation voraus. Die Zerstörung war effizient geplant und nach wenigen Stunden des Wütens stand kein Stein mehr auf dem anderen. Bereits am nächsten Tag errichteten die Hindunationalisten auf den Ruinen der Moschee einen kleinen Schrein für Rama. In den folgenden Tagen kam es im Land zu Ausschreitungen und Gewaltakten, bei denen 2.000 Menschen, meist Moslems, zu Tode kamen. Mit dem Akt der Moscheezerstörung hatten die Hindunationalisten den Keil tiefer in die Gesellschaft getrieben und eine Gewaltspirale entfacht. Als Vergeltung wurde im März 1993 ein Bombenanschlag in Mumbai verübt, bei dem 257 Menschen umkamen.

In den nachfolgenden Jahren kam es zu weiteren Vergeltungsschlägen und zahlreichen Attentaten. Was für die Amerikaner 9/11, ist für die Inder 11/26. An diesem Datum im Jahr 2008 wurde Indien an einer empfindlichen Stelle getroffen. Die Terroristen griffen an mehreren Orten Mumbais gleichzeitig an und töteten gezielt westliche Geschäftsleute und Touristen. Über 174 Menschen kamen in jenen Tagen ums Leben, 239 Verletzte wurden gezählt.

Nicht nur vom Erzfeind Pakistan gehen Terroranschläge aus. Im Osten und in Zentralindien, der Heimat von Volksstämmen und Minderheiten, machen maoistische Rebellen der indischen Regierung das Leben schwer. Formiert hatten sich die kommunistischen Guerillabewegungen bereits vor einem halben Jahrhundert aus der Not heraus. Die Stammesangehörigen, die Adivasi, gehören zu den Ärmsten Indiens. Ausgebeutet von Großgrundbesitzern mussten sie als Tagelöhnern schuften. Als in den 60ern Hungersnöte ausbrachen und als Folge dessen die »grüne Revolution« eingeleitet wurde, nahmen die Erträge durch Pestizide und neue Sorten stark zu. Doch an der prekären Situation der Ärmsten änderte sich nichts, da nur Bauern profitierten, die sich Maschinen und Pestizide leisten konnten. Kommunisten formierten sich und begannen für notleidende Kleinbauern und Tagelöhner zu kämpfen, die sich den Guerillaeinheiten anschlossen.

Bis heute definieren sie sich als Fürsprecher der marginalisierten Kasten und Stämme. Die indische Regierung hat zwar Armeeposten mit 100.000 Mann in den Rebellengebieten stationiert, doch gegen die Guerillataktik von 12.000 Kämpfern tut sie sich schwer. 40 Prozent der Guerillaarmee sind übrigens weiblich. Adivasi bilden noch immer den Kern der aufständischen Bewegung, die Führung kommt aus den Städten. Die indische Regierung hat lange übersehen, dass blanke Not, Armut und Hunger, Ausgrenzung und Chancenlosigkeit zu Radikalisierung und Gewaltbereitschaft unter den Adivasi geführt haben. Das aufstrebende Land braucht Rohstoffe und die werden rücksichtslos abgebaut. Zurück bleiben verschmutze Flüsse, zerstörte Wälder und Ureinwohner auf der Flucht. Solange von der Regierung aus Neu-Delhi keine ernsthaften Schritte unternommen werden, das Ungleichgewicht in der Gesellschaft auszugleichen, kämpfen die maoistischen Rebellen weiter.

Harte Fakten

Eine Terrorwarnung seitens des Auswärtigen Amtes besteht derzeit nicht, auch wenn es warnt, bestimmte Teile des Landes nur unter Einsicht der aktuellen Sicherheitslage zu besuchen. Jammu, Kaschmir und Ladakh sollten wegen unvorhersehbaren Auseinandersetzungen von Polizei und Demonstranten nur mit erhöhter Wachsamkeit bereist werden. Terrorakte richten sich in der Regel nicht explizit gegen Ausländer und Indien ist ein ziemlich sicheres Reiseland. Auf der Website des Auswärtigen Amtes sind die aktuellen Sicherheitswarnungen vermerkt. Auch indienspezialisierte Reiseanbieter können hierzu beraten.

51

INDIEN PUSTET DIE RIESENEICHHÖRNCHEN AUS DEM LAND

Im Jahr 2012 gingen in Indien die Lichter aus. Für mehr als 600 Millionen Menschen gab es keine Energie mehr. Es dürfte einer der größten Stromausfälle aller Zeiten in Indien gewesen sein, rund die Hälfte des Landes war betroffen. Der massive Ausfall machte die Energiekrise im schnell wachsenden Indien deutlich. Die genutzten Mengen an Kohle, Öl und Gas reichten nicht aus, um den Strombedarf im Land zu decken. Es mussten neue Strategien her: Atomstrom und der Ausbau von Kohlekraftwerken. Diese Strategie ist nicht wirklich klimaförderlich.

Indiens Ministerpräsident Narendra Modi sieht aufgrund der dringenden Probleme im Land den Klimaschutz nur an zweiter Stelle: »Ich habe nur eine Aufgabe und das ist Entwicklung, Entwicklung, Entwicklung.«

Mit dieser Aussage setzte er die anderen Staaten unter Druck, die sich Ende 2015 zum Klimagipfel in Paris trafen, um einen gemeinsamen Weltklimavertrag zu unterzeichnen. Und er hat gute Argumente. Denn pro Kopf werden in dem bevölkerungsreichen Land rund 2,3 Tonnen Kohlendioxid ausgestoßen, gegenüber rund acht Tonnen in der EU und China oder mehr als 18 Tonnen in den USA. Jedoch hat Narendra Modi seiner Heimat auch ein Programm zur massiven Förderung erneuerbarer Energien verordnet. Und diese sollen mit ausländischer Hilfe beim Ausbau umgesetzt werden. Neben der solaren »Supermacht« will Indien hierbei auch auf die Windkraft setzen. Diese birgt aufgrund weitläufiger Flächen und guter klimatischer Bedingungen ein enormes Potenzial. Das Land verfügt allein über 7.600 Kilometer Küste, ideal für Windkraft im Meer (Offshore-Windkraftanlagen). Das erste Pilotprojekt liegt im Bundesstaat Gujarat an der nordwestlichen Küste Indiens, wobei die Weichen hierfür bereits vor der UN-Klimakonferenz in Paris gestellt wurden. Weitere sollen folgen und entstehen quasi auf dem Reißbrett. Nur umgesetzt wurde bisher noch keines. Optimisten gehen davon aus, dass bis 2019 die rechtlichen und technischen Vorrausetzungen vorliegen werden, damit ein erster Offshore-Windpark ausgeschrieben werden kann.

Trotzdem: Indien spielt im internationalen Windkraftgeschäft mittlerweile eine bedeutende Rolle und auch Deutschland möchte hierbei nicht hintenanstehen. Der Subkontinent belegte 2015 Platz vier bei den Betreibern neuer Anlagen. Diese stehen aber nicht im Meer, sondern an Land und auch schon mal im Regenwald, wie mitten im Wildschutzgebiet Bhimashankar, 100 Kilometer nördlich von Mumbai.

In den Bergen der Westghats leben zahlreiche seltene Tiere. Berauschend ist der Ausblick von einer Anhöhe über die imposante Berglandschaft und die grünen Regenwälder. In der Ferne glitzert und funkelt es. Ein indischer Palast? Die Sterne? Ach was. Es sind Windräder, die sich über die bewaldeten Bergkuppen erheben. Von hier sieht das Blitzen eigentlich sehr schön aus. Aber von unten sieht die Sache anders aus. Da wurde für den Andhra-Lake-Windpark bedrohter Regenwald zerstört. Die Firma Enercon India, ein Tochterunternehmen des deutschen Windkraftherstellers Enercon, stellte hier 142 Windkraftanlagen auf.

Enercon übernimmt keine Verantwortung, hat sie doch nach eigenen Angaben bereits 2008 die Kontrolle über ihren indischen Ableger verloren. Tja, Pech gehabt, kleiner Jaguar und seltenes Rieseneichhörnchen. Sucht euch lieber einen neuen Wald. Ja, nur wo?

52
INDIEN GEHT DER SAND AUS

7.500.000.000.000.000.000 – das geht auch kürzer: 7,5 Trillionen.

Dieses Ergebnis errechneten Forscher der Universität Hawaii, als sie sich fragten, wie viele Sandkörner allein an allen Stränden der Erde liegen. Wie viele von den 7,5 Trillionen mögen wohl an den Küsten Indiens liegen, an den schönsten Stränden von Goa und Kerala oder auf den Inseln der Adamanen und Nikobaren.

Sumaira Abdulali wachte eines Nachts auf. Sie hörte Menschen und lärmende Bagger. Es wird wohl nur ein Traum gewesen sein, dachte sie und schlief wieder ein. Am nächsten Morgen ging sie aus dem Haus und sah tiefe Löcher im Strand. Sanddiebe! Mittlerweile führt sie eine NGO, die Krach macht gegen die Verbrecher aus ihrem Land, denn die Sandmafia ist mittlerweile eine der mächtigsten kriminellen Organisationen Indiens.

Sandabbau ist traditionell ein lokales Geschäft. Er wird dort aus der Erde geholt, wo man ihn braucht. In Mumbai wird er aus dem Meer gefördert. Und da die Stadt sich immer weiter ausbreitet, wird viel Sand benötigt. Für die Wohntürme, die entstehen, und die Straßen der am schnellsten wachsenden Stadt der Erde. 18,4 Millionen Einwohner leben in der

Mumbai Metropolitan Region (MMR), die auch die nördlichen Gebiete mit der Stadt Thane einschließt. Der Sand liegt in einer Bucht in Thane in der Tiefe. Die Abwässer der Megacity fließen auch in diese Bucht. Lizenzen für den Abbau gibt es selten.

Die Sandtaucher bezahlen oft mit ihrem Leben oder mit geplatzten Trommelfellen und betäuben ihre Angst und ihren Ekel vor dem stinkigen, dreckigen Wasser mit Alkohol. Beim Tauchen halten sie in einer Hand einen Eimer und mit der anderen eine Bambusstange fest. Es geht hinunter in 15 bis 17 Meter Tiefe, ohne Maske, ohne Sauerstoffflasche. Mit den Füßen wühlen sie nach Sand. Mit einer Hand wird der Eimer vollgestopft. Und immer ist die Furcht dabei, die Stange versehentlich loszulassen und mit der Strömung davongezogen zu werden. Oben warten Kolonnen von Lastwagen, um die illegale Fracht zu den Bauunternehmen zu transportieren.

Mit diesem illegalen Geschäft werden Milliarden verdient. Ein Sandtaucher bekommt davon etwa 15 Euro pro Schicht, die in der Regel 200 Tauchgänge umfasst. Sicherstellungen von Lkw-Ladungen voller Sand werden in Indien mittlerweile von den Medien präsentiert wie Kokainfunde. 2011 wurde vom Obersten Gerichtshof in Indien festgestellt, dass der Abbau in Flüssen und Buchten ein extrem ökologisches Risiko sei, eines von vielen in Indien. Aber gibt es Alternativen für die Bauunternehmer? Sumaira Abdulali, deren Mann ein erfolgreicher Recyclingunternehmer ist, weiß, dass der Schutt alter Häuser wieder aufbereitet werden könnte: nachhaltig und legal.

Übrigens

Wussten sie schon, dass Sand heutzutage auch Bestandteil vieler Alltagsprodukte ist? Wir finden Sand in Nahrungsmitteln, Kosmetika, Putzmitteln, aber auch in elektronischen Produkten wie Computern, Handys und Kreditkarten. Und hoffentlich auch noch lange an den Stränden Indiens.

53

In Indien geht der Kuh die Globalisierung sonst wo vorbei

Das Land mit seinen Parallelgesellschaften und krassen Gegensätzen stellt jeden Besucher vor Herausforderungen. Direkt neben dem gläsernen Luxushotel, in dem die Suite 1.000 Dollar kostet, schläft eine Familie unter zerfetzten Planen. Während moderne indische Kleinfamilien in der Shopping Mall flanieren und in neuen Autos zu ihren noch neueren Wohnblocks fahren, bringen sich zig Bauern aus Verzweiflung wegen Missernten um. Und wenn es Abend wird und schicke, junge Inder in die Nachtclubs und Restaurants strömen, hocken die Landbewohner an Feuern, weil hier nur die Hälfte der Haushalte Strom hat, von fließendem Wasser ganz zu schweigen.

Während Politiker das Land als größte Demokratie feiern, bewerfen sich Hindus und Moslems mit Steinen und im Osten des Landes zünden Maoisten Bomben und kämpfen gegen die Armee. Während die heilige Kuh am nigelnagelneuen Mercedes entlangschrammt und ihr die Globalisierung sonst wo vorbeigeht, feilen Politiker an Investitionsanreizen, und der besitzlose Asket hockt vor seiner Höhle und meditiert sich ins Nirwana.

Kontrastreich ist Indien seit jeher. Doch nun befindet sich das Riesenreich im Umbruch. Indien nimmt im Moment eine Entwicklung, die Europa lange hinter sich hat. Durch die zunehmende Industrialisierung, die Entwicklung der Forschung und des Dienstleistungs- und IT-Sektors hat sich Indien von der reinen Agrargesellschaft entfernt, auch wenn ein Großteil der Inder dort tätig ist. Dadurch und durch die Öffnung des Landes für ausländische Investoren in den 90ern entstand eine breite Mittelschicht, die etwa 300 Millionen Inder umfasst (über 3.000 Dollar Jahresgehalt). McKinsey legt eine höhere Einkommensgrenze fest (4.400 bis 22.000 Dollar im Jahr) und prophezeit in einer Studie von 2007 ein Wachstum der kaufkräftigen Mittelschicht von heutigen 100 Millionen auf fast 600 Millionen Menschen im Jahr 2025. Diese Mittelschicht ist konsumfreudig und strebt einen westlichen Lebensstil an. Darin sehen ausländische Unternehmen ein gigantisches Marktpotential und das lässt sie in Goldgräberstimmung nach Indien blicken.

Indien hat das Potential *der* Konsumentenmarkt der Zukunft zu werden. 2015 hat die Wachstumsrate des Landes mit 7,6 % sogar China übertroffen. Allerdings halten einige Experten die hohe Rate für schöngerechnet. Und so verheißungsvoll sich die Hochrechnungen anhören – Fakt ist, heute leben 70 Prozent der Inder von weniger als zwei Dollar und ein Drittel von weniger als einem Dollar am Tag.

Indien hat sich geändert und wird sich massiv ändern. Einige Entwicklungen sind erfreulich wie die Aufweichung des Kastensystems (zumindest in den Städten) oder die Entstehung der Mittelschicht und dadurch die Flucht aus der Armut.

Doch was bringt die Zukunft? Lassen sie mich schwarzmalen: Die Schere von Globalisierungsgewinnern und Globalisierungsverlierern wird größer werden. Indien wird sich vom globalen Kapitalismuswahnsinn aufsaugen lassen und seine Einzigartigkeit verlieren. Es wird zu einer schlechten Billigkopie der USA mutieren.

Aber vielleicht läuft es auch ganz anders und das Land wird den Aufstieg zur Wirtschaftsmacht nachhaltig, menschenfreundlich und partizipativ gestalten und seine kulturelle Vielfalt bewahren und fördern. Nichts ist nur schwarz oder weiß. Und das bunte Indien war schon immer für eine Überraschung gut.

Harte Fakten

Enttäuschung bei ausländischen Unternehmen als Indiens Finanzminister Arun Jaitley den neuen Haushaltsplan für das kommende Finanzjahr 2016/17 vorstellte. Schon wieder kein einheitlicher Mehrwertsteuersatz. Dabei wurde die Obergrenze für ausländische Direktinvestitionen im Versicherungs- und Rentenbereich auf 49 Prozent angehoben und die Anlagegrenze für ausländische Unternehmen an der indischen Börse von 5 auf 15 Prozent erhöht. Start-ups zahlen in den ersten Jahren keine Steuern. Unternehmen, die Arbeitsplätze schaffen, können mit Steuererleichterungen von 30 Prozent rechnen.

11 Milliarden Euro werden in den ländlichen Raum investiert, um so das Wachstum der Landwirtschaft anzukurbeln. Das Einkommen der Farmer soll sich in fünf Jahren

verdoppeln. Außerdem wird an der Infrastruktur gewerkelt. 28 Milliarden Euro stehen für Straßen, Eisenbahnen und andere infrastrukturelle Projekte bereit.

Steuerverschiebungen internationaler Konzerne wird entgegengewirkt, indem sie nun die Bilanzen nach Ländern getrennt vorlegen müssen.

Eine wichtige Änderung ist die Erhöhung der Reichensteuer. Ab einem Einkommen von 10 Millionen Rupien erhöht sich der Steuersatz auf 35,5 Prozent.

Insgesamt beurteilt die Wirtschaftsförderungsgesellschaft Deutschlands, die Germany Trade & Invest (GTAI), die Signale für ausländische Investitionen im neuen Haushaltsplan als zu schwach. Die Regierung konzentriere sich momentan vielmehr auf die Bedürfnisse der ländlichen Bevölkerung. In einigen Bundesstaaten, in denen Landwirtschaft dominiert, stehen übrigens Wahlen an. Ein Schelm, wer Böses dabei denkt.

54

INDER TREIBEN EINEN MIT DER ZEIT IN DEN IRRSINN

»Just one minute«, wie oft habe ich diesen Satz in Indien schon gehört, und nie war er wahr. Zeit ist ein dehnbarer Begriff. Mir wurde das durch die Argumentation meines Vaters klar, wenn ich als Backfisch weitere Stunden in der Disco herausschinden wollte.

»Wenn du fünf Minuten lang auf einer heißen Ofenplatte sitzen musst, dann kommt dir das sehr lang vor, also können vier Stunden nicht zu kurz sein.«

Von Einsteins Ofenplatten-Zitat inspiriert, machte er mir dadurch aber schon im Teenageralter deutlich, dass der Zeitbegriff ein relativer ist. Sehr zu meinem Missfallen, denn als Teenager kann die Discozeit nie lang genug und schon gar nicht mit der auf heißen Ofenplatten verglichen werden. Geholfen hat mir die Erkenntnis der relativen Zeitempfindung in Indien wenig, denn die Herausforderung für einen pünktlichen Deutschen, mit der Zeitnachlässigkeit der Inder umzugehen, ist immens. Selbst die ruhigsten Zeitgenossen treiben Verspätungen und endlose Warterei in den Irrsinn.

Folgerichtig hat Indien auch eine eigene Zeitrechnung. Besonders aufmerksame Inder fügen zum *»just one minute«*

noch »*indian standard time*« hinzu. Also deeeeehnbar. Und das kann alles heißen. Ein paar Minuten, eine Stunde, mehrere Stunden, einige Tage, nicht in diesem Leben.

Gelassenheit hilft immens. Aber wenn die Gluthitze auf den Kopf brennt und das Gehirn gart, weil der Bus nicht kommt (trotz mehrmaligen »*Coming in one minute*«-Abwimmel-Antworten des Schalterbeamten) und der staubige Busbahnhof einer x-beliebigen indischen Stadt öde wie ein Botanikrundgang in der Wüste ist, dann kommen Ihnen fünf Stunden am Busbahnhof vor wie fünf Stunden auf einer heißen Ofenplatte.

Doch eigentlich ist es logisch, dass Indiens Uhren anders ticken. Was sind schon ein paar Stunden Verspätung gemessen an den unzähligen Wiedergeburten, die ein Hindu zu durchlaufen hat. Und so gibt es einen sehr weiten Zeitbegriff, der eine immense Zeitspanne umfasst. Im alten Indien wurde sowohl die kleinste Zeiteinheit, ein 34.000stel von einer Sekunde, als auch die größte Spanne von 4,32 Milliarden Jahre festgelegt. Und irgendwann dazwischen kommt dann auch der Bus. Bestimmt.

Während die Inder gelassen bleiben, recken sich an hiesigen Bahnhöfen schon bei wenigen Minuten Verspätung hochrote Köpfe empört zur Bahnhofsuhr, und Fäuste werden gegen »die Bahn« gerüttelt. Das führt dann zu dem Bild, das die Deutschen im Ausland genießen, teils berühmt (Mercedes, Bayern München, lieben David Hasselhoff, Autobahnen, sind so unglaublich effektiv), teils berüchtigt (besessen von Zeit und Pünktlichkeit, streng, kalt, »*square-heads*«, immer in Eile). Gemessen an der irren Zunahme von Burn-outs täte uns ein Quäntchen indische Gelassenheit ganz gut.

Aber

Der Umgang mit der Zeit ist nur ein kleiner Teil kultureller Unterschiede. Spannendes dazu im Kapitel »In Indien fängt bei -no problem- das Problem erst an«, siehe Seite 119.

Einsteins Zitat im Original: »Wenn man mit dem Mädchen, das man liebt, zwei Stunden zusammensitzt, denkt man, es ist nur eine Minute; wenn man aber nur eine Minute auf einem heißen Ofen sitzt, denkt man, es sind zwei Stunden – das ist die Relativität.«

55

NIEMALS INDIEN – ODER DOCH?

Am Ende des Buchs schlagen Sie womöglich die Hände über dem Kopf zusammen und rufen: »Indien? Niemals!«

Auch wenn dieses Buch die dunklen Seiten beleuchtet, so bleibt Indien ein riesiges Land mit vielen Facetten. Schöne als auch schreckliche, sehr lichte als auch tiefdunkle Impressionen und Momente. Dieses Spannungsfeld macht Indien herausfordernd und nicht immer einfach. Auch der Reisende pendelt zwischen den extremen Polen von ehrfürchtiger Faszination und »Niemals mehr Indien«. Abschreckend wirkt oft das indische Chaos. Doch gerade Chaos erzeugt Kreativität, Buntheit und Vielfalt. Und so bleibt immer der Eindruck, dieses Land nie ganz begreifen zu können. Manchmal wirkt es magisch wie eine traumhafte Illusion, ein Land jenseits von Raum und Zeit. Dann wieder schleudert es einen zurück in die härteste aller Wirklichkeiten, in denen Not und Elend herrschen.

Indien hat auf viele Reisende eine magnetische Anziehungskraft. Andere schütteln darüber verständnislos den Kopf. »Was willst Du in diesem armen Land? Das ist doch kein Urlaub dort.« Stimmt. Reisen in Indien ist sicher kein reiner Erholungsurlaub, es sei denn, sie buchen einen Pauschalurlaub am Meer, aber da gibt es sicher schönere Urlaubsziele. Indien ist deshalb spannend, weil nicht alles planbar ist. Es liefert vielmehr Erholung vom durchgestylten Leben, in dessen Alltag sich das Murmeltier fest eingenistet hat. Die Menschen sind meist offen, herzlich und hilfsbereit. Die Kulturbauten sind beeindruckend und prächtig. Die Feste oft schrill, ekstatisch und archaisch. Der Hinduismus mit seinen unzähligen Göttern ist für uns zunächst schwer begreifbar, aber genauso wenig kann ein Hindu den Monotheismus verstehen. Er selbst hat keine Probleme, auch andere Gottheiten in den Hindu-Pantheon aufzunehmen. So kann durchaus ein Buddha oder eine Jesusstatue in trauter Gemeinsamkeit mit Ganesh und Hanuman auf dem Hausaltar stehen.

Indien ist immer noch ein Land für Abenteurer, für Entdecker, für jene, die mal raus müssen. Raus aus der Enge, die der westliche Perfektionismus gebiert. Und doch – einfach ist es nicht. Denn so extrem die Eindrücke sind, so widersprüchlich die Rezeption. Da bleiben tiefe Rillen in der Seele, Sehnsucht und Inspiration, Zuversicht und Mitgefühl, Traum- und Schreckensbilder.

Indien ist für mich das Land, in dem ich magische Momente erleben durfte. Das Land, in dem ich oft so staubig und zugleich so glücklich wie nie war. Indien ist ein Land der Spiritualität, es ist faszinierend und geheimnisvoll. »Gibt's nicht, gibt's nicht!« passt als Slogan gut zum Land. Oder auch der bekannte und allerseits zitierte Spruch »*Everything is possible in India*«. Tatsächlich scheint hier das eigentlich unbegrenzte Land der Möglichkeiten zu sein.

Empfehlen möchte ich trotz allem eine Reise in dieses faszinierende Land. Auch wenn Sie nun wissen, was Sie vielleicht besser nicht über Indien wissen wollten. Die Reise wird sie verändern. Garantiert werden Sie mit vielen neuen Eindrücken und Gedanken zurückkehren. Und wer weiß, vielleicht werden auch Sie einer von jenen Indienliebhabern, die ihr Herz an das Land verlieren und immer wieder zurückkehren.

INCREDIBLE INDIA!

DANKE
THANKS
MERCI
धन्यवाद
DHANYAVAAD!

Ein riesiger Dank geht an Tonne (Tanja Driemel) für das unermüdliche Korrekturlesen und ihre tatkräftige Unterstützung!

Auch an zwei weitere fleißige Korrekturleserinnen Inge Lang und Zoe Thorne geht ein großes Danke für ihren Einsatz und ihre Hilfe.

Außerdem Dank an: Annemarie Rathwallner, Christoph Glaubacker, Brigitte Kastner, Iris Kastner und Tom Timmerhoff. Last, not least: Dank an Matthias Walter von CONBOOK.

Moderne Rebellen in einer alten Welt

Jörg Endriss und Sonja Maaß
CHINAKINDER
Moderne Rebellen in einer alten Welt

ISBN 978-3-95889-137-1
ISBN 978-3-95889-127-2

*»Jedes einzelne Kurzporträt ist lesenswert –
dieses Buch verdient jede Empfehlung.«
(Literaturwelt)*

*»Was die Lektüre so spannend macht,
ist das Spannungsfeld, in dem die junge
Generation in China versucht, die eigenen
Träume zu verwirklichen.« (Sinograph.ch)*

Viele junge Chinesen wollen nicht mehr
nur Karriere und Reichtum als Lebensziel
sehen und mit Scheuklappen durch Schule
und Universität getrieben werden. Einge-
zwängt zwischen den Erwartungen von
Staat, Familie und Gesellschaft haben sie
Träume, die für uns selbstverständlich sind:
Sie wollen ihren Lebensweg selbst bestimmen, etwas Sinnvolles erreichen und eine
Arbeit finden, die ihnen Erfüllung bringt.
Dafür müssen junge Menschen in China
allerdings große Widerstände überwinden
und sich gegen konservative Eltern und
traditionelle Konventionen durchsetzen.
Als stille Rebellen versuchen viele, dem
allgegenwärtigen Druck der Gesellschaft zu
entfliehen.

Lesen Sie von dem jungen Finalisten einer
Schriftzeichen-Quizshow, von Studenten,
die schon zu Beginn des Studiums komplett
ausgebrannt sind, und von Punks, die
ihren ganz eigenen chinesischen Rock-'n'-
Roll-Lifestyle leben – aber auch von einem
Mädchen in ihren Zwanzigern, das offiziell
gar nicht existiert, von Wanderarbeitern,
die in Kellern ohne Tageslicht wohnen, und
Homosexuellen, die sich nicht mehr hinter
der Fassade einer Ehe verstecken wollen.

CONBOOK
www.conbook-verlag.de

»Wer mir einen nachvollziehbaren Grund nennen kann, erwachsen zu werden, bekommt sämtliches Gold der Welt, einen Oscar in allen Kategorien und sei gleichzeitig in die Hölle verbannt.«

Andreas Brendt
Boarderlines

📘 ISBN 978-3-943176-99-5
📗 ISBN 978-3-95889-086-2

»Ein Buch mit großer Erzählkraft, Tiefsinn und einer Prise Humor.«
(Aachener Nachrichten)

»Ein Buch zum Runterlesen. Die Geschichten sind witzig und man erwischt sich sehr schnell dabei, seine Sachen packen und die Welt erleben zu wollen.« (Radio Köln)

»Unglaublich witzig und unterhaltsam und gleichzeitig mit Tiefgang. Vorsicht: Suchtgefahr.« (active woman)

....

Andi ist ein pflichtbewusster VWL-Student, dem eine lukrative Zukunft winkt. Doch dann entscheidet er spontan, sein Konto zu plündern und nach Asien aufzubrechen. Auf Bali wird er mit dem Surfvirus infiziert, und von nun an ist das Wellenreiten seine lebensbestimmende Leidenschaft, die ihn vor eine große Entscheidung stellt: Gibt er dem inneren Feuer Zündstoff oder ebnet er den Weg für die geplante Managerkarriere?

Boarderlines ist ein autobiografischer Reise-Roman über die schönsten Wellen dieses Planeten, die Sinnsuche und die Sehnsucht nach Abenteuer. Über ein Leben zwischen Pistolen, Edelsteinen, Malaria, einer entlegenen Insel, gemeinen Ganoven, allwissenden Professoren, und deutschen Bierdosen. Über Freundschaft und natürlich über die Liebe – zum Surfen, zu Menschen, zum Leben.

 **CONBOOK**
www.conbook-verlag.de

Ein Fahrrad, 26 Länder und jede Menge Kaffee

Ein wahnwitziges Reiseabenteuer zwischen Aufbruchlaune, Selbstfindung und ungewöhnlichen Begegnungen auf 14.037 Radkilometern.

....

Eines Tages wirft der Unternehmensberater Markus Weber seine heile Welt über den Haufen und stürzt sich Hals über Kopf in ein Abenteuer.

Er setzt sich auf sein Fahrrad und fährt los – durch 26 Länder, bis nach Togo. Seine Reise führt ihn durch verlassene osteuropäische Dörfer und über zermürbende Sandpisten in Westafrika. Er fährt per Anhalter durch die Sahara, radelt durch den unerschlossenen guineischen Regenwald und schmuggelt sich in Liberia über geschlossene Grenzübergänge.

Alles, um zwei Fragen zu beantworten: Wer bin ich? Und: Gibt es eigentlich *Coffee to go* in Togo?

Markus Maria Weber
Ein Coffee to go in Togo
Ein Fahrrad, 26 Länder und jede Menge Kaffee

ISBN 978-3-95889-138-8
ISBN 978-3-95889-143-2

CONBOOK
www.conbook-verlag.de

Andrea Glaubackers bildgewaltiger Blick auf Indien

Andrea Glaubacker
Indien 151

Portrait des faszinierenden Subkontinents
in 151 Momentaufnahmen

151 spannende Episoden über Indien mit
über 160 Bildern, komplett in Farbe

ISBN 978-3-943176-02-5

Indien – die größte Demokratie der Erde, gigantisch, einzigartig und voller Gegensätze. Ein Land, das modernste Technologie entwickelt und zugleich in einem alten Traditionskorsett steckt. Wo Affen-, Elefanten- und mehrarmige Götter verehrt und Flüssen jeden Abend Millionen von Blumen geopfert werden. Wo gläserne Shopping-Malls wie Pilze aus dem Boden schießen und Mumbais Büromieten die von New York und Tokio überholen. Ist das Indien von heute ein modernes Land, ist es fest in alten Strukturen verankert oder liefert es schlicht immer alle möglichen Antworten zugleich?

Indien 151 ist eine einzigartige Dokumentation der unglaublichen Vielfalt dieser Riesennation. Erleben Sie in 151 Momentaufnahmen die Facetten von Kultur und Gesellschaft, begleitet von Geschichten, persönlichen Eindrücken und einem Blick hinter die Kulissen. Ein Buch für Entdecker und Liebhaber Indiens und diejenigen, die es werden wollen.

....

»Aus aktuellen Meldungen, Hintergrundinformationen und eigenen Erlebnissen formt die Autorin ein Bild von Indien, wie es treffender nicht sein könnte. Ihre persönlichen Eindrücke und ihr Blick hinter die Kulissen bereichern die fundierten Recherchen der studierten Kulturwissenschaftlerin. Für Liebhaber Indiens und diejenigen, die das noch werden wollen.« (Indien Aktuell)

 **CONBOOK**
www.conbook-verlag.de